Han · Was ist Macht?

Byung-Chul Han

Was ist Macht?

Philipp Reclam jun. Stuttgart

RECLAMS UNIVERSAL-BIBLIOTHEK Nr. 18356
Alle Rechte vorbehalten
© 2005 Philipp Reclam jun. GmbH & Co., Stuttgart
Gesamtherstellung: Reclam, Ditzingen. Printed in Germany 2005
RECLAM, UNIVERSAL-BIBLIOTHEK und
RECLAMS UNIVERSAL-BIBLIOTHEK sind eingetragene Marken
der Philipp Reclam jun. GmbH & Co., Stuttgart
ISBN 3-15-018356-1

www.reclam.de

Inhalt

Weber: 25f, 19ff

Arendt 101ff
Foucault 43ff, 124ff

Vorwort

Hinsichtlich des Machtbegriffs herrscht immer noch ein theoretisches Chaos. Der Selbstverständlichkeit des Phänomens steht eine totale Unklarheit des Begriffs gegenüber. Für den einen bedeutet sie Unterdrückung. Für den anderen ist sie ein konstruktives Element der Kommunikation. Die juristische, die politische und die soziologische Vorstellung von der Macht stehen einander unversöhnt gegenüber. Die Macht wird bald mit der Freiheit, bald mit dem Zwang in Verbindung gebracht. Für die einen beruht die Macht auf dem gemeinsamen Handeln. Für die anderen steht sie mit dem Kampf in Beziehung. Die einen grenzen die Macht von der Gewalt scharf ab. Für die anderen ist die Gewalt nichts anderes als eine intensivierte Form der Macht. Die Macht wird bald mit dem Recht, bald mit der Willkür assoziiert.

Angesichts dieser theoretischen Konfusion soll ein beweglicher Machtbegriff gefunden werden, der die divergierenden Vorstellungen von der Macht in sich zu vereinigen vermöchte. Zu formulieren ist also eine Grundform der Macht, die durch Verschiebung innerer Strukturelemente unterschiedliche Erscheinungsformen generiert. Das vorliegende Buch orientiert sich an dieser theoretischen Vorgabe. Dadurch soll der Macht zumindest jene Macht genommen werden, die auf dem Umstand beruht, daß man nicht genau weiß, worum es sich eigentlich handelt.[1]

1 Vgl. Niklas Luhmann, »Klassische Theorie der Macht. Kritik ihrer Prämissen«, in: *Zeitschrift für Politik* 2 (1969) S. 149–170, hier: S. 149.

Logik der Macht

Unter Macht versteht man gewöhnlich die folgende Kausalrelation: Die Macht von *Ego* ist die Ursache, die bei *Alter* gegen dessen Willen ein bestimmtes Verhalten bewirkt. Sie befähigt *Ego* dazu, *seine* Entscheidungen, ohne auf *Alter* Rücksicht nehmen zu müssen, durchzusetzen. So beschränkt *Egos* Macht *Alters* Freiheit. *Alter* erleidet den Willen *Egos* als etwas ihm Fremdes. Diese gewöhnliche Vorstellung von der Macht wird deren Komplexität nicht gerecht. Das Geschehen der Macht erschöpft sich nicht in dem Versuch, Widerstand zu brechen oder Gehorsam zu erzwingen. Die Macht muß nicht die Form eines Zwanges annehmen. Daß sich überhaupt ein gegenläufiger Wille bildet und dem Machthaber entgegenschlägt, zeugt gerade von der Schwäche seiner Macht. Je mächtiger die Macht ist, desto *stiller* wirkt sie. Wo sie eigens auf sich hinweisen muß, ist sie bereits geschwächt.[1]

Die Macht besteht auch nicht in der »Neutralisierung des Willens«.[2] Diese besagt, daß es angesichts des be-

---

[1] So bemerkt Ulrich Beck zu Recht: »*Selbstverständlichkeit, Vergessen und Größe der Macht korrelieren positiv.* Man kann geradezu sagen: Wo niemand über Macht spricht, ist sie fraglos da, in ihrer Fraglosigkeit zugleich sicher und groß. Wo Macht Thema wird, beginnt ihr Zerfall« (U. B., *Macht und Gegenmacht im globalen Zeitalter. Neue weltpolitische Ökonomie*, Frankfurt a. M. 2002, S. 105).

[2] Vgl. Niklas Luhmann, *Macht*, Stuttgart 1975, S. 11 f.: »Faktisch macht [...] die Existenz eines Machtgefälles und einer antizipierbaren Machtentscheidung es für den Unterworfenen gerade sinnlos, überhaupt einen Willen zu bilden. Und gerade darin besteht die Funktion von Macht: Sie stellt mögliche Wirkungsketten sicher unabhängig vom Willen des machtunterworfenen Handelnden – ob er

stehenden Machtgefälles auf Seiten des Machtunterworfenen gar nicht erst zur Bildung des eigenen Willens kommt, denn er muß sich ja ohnehin dem Willen des Machthabers fügen. So dirigiert ihn der Machthaber in der Wahl der Handlungsmöglichkeiten. Es gibt aber Machtformen, die auch über diese »Neutralisierung des Willens« hinausgehen. Es ist nämlich das Zeichen einer höheren Macht, daß der Machtunterworfene von sich aus gerade das, was der Machthaber will, ausdrücklich *will*, daß der Machtunterworfene dem Willen des Machthabers wie *seinem eigenen Willen* folgt oder sogar *vorgreift*. Der Machtunterworfene kann ja das, was er *ohnehin* tun würde, zum Inhalt des Willens des Machthabers überhöhen und mit einem emphatischen ›Ja‹ zum Machthaber ausführen. So gewinnt derselbe Handlungsinhalt im Medium der Macht eine andere Form, und zwar dadurch, daß das Tun des Machthabers vom Machtunterworfenen als dessen *eigenes* Tun bejaht oder verinnerlicht wird. Die Macht ist also ein *Phänomen der Form*. Entscheidend ist, *wie* eine Handlung *motiviert* wird. Nicht ›Ich muß ohnehin‹, sondern ›Ich will‹ bringt zum Ausdruck, daß eine höhere Macht im Raum ist. Nicht das innere ›Nein‹, sondern das emphatische ›Ja‹ ist die Antwort auf eine höhere Macht.[3] Die

---

will oder nicht. Die Kausalität der Macht besteht in der Neutralisierung des Willens, nicht unbedingt in der Brechung des Willens des Unterworfenen. Sie betrifft diesen auch und gerade dann, wenn er gleichsinnig handeln sollte und dann erfährt: er muß ohnehin.«

3 Setzt man dagegen die Macht mit Zwang und Unterdrückung gleich, so wird sie als die Fähigkeit interpretiert, ›Nein‹ zu sagen. Dabei wird verkannt, daß ›Ja‹ eigentlich der Ausdruck einer höheren Macht ist. ›Ja‹ muß nicht der Ohnmacht entspringen. Vgl. Wolfgang Sofsky und Reiner Paris, *Figurationen sozialer Macht. Autorität-Stellvertre-*

Kausalität vermag sie nicht angemessen zu beschreiben, denn die Macht funktioniert hier nicht wie ein mechanischer Stoß, der einen Körper von seiner ursprünglichen Laufrichtung einfach wegdrängt. Sie wirkt vielmehr wie ein Feld, in dem er sich gleichsam aus *freien* Stücken bewegt.

Das Zwangsmodell wird der Komplexität der Macht nicht gerecht. Die Macht als Zwang besteht darin, eigene Entscheidungen *gegen* den Willen des Anderen durchzusetzen. So weist sie einen sehr geringen Vermittlungsgrad auf. *Ego* und *Alter* verhalten sich zueinander antagonistisch. *Ego* findet keine Aufnahme in *Alters Seele*. Mehr Vermittlung enthält dagegen jene Macht, die nicht *gegen* den Handlungsentwurf des Anderen, sondern *aus ihm heraus* wirkt. Eine höhere Macht ist nämlich die, die die Zukunft des Anderen bildet, und nicht die, die sie blockiert. Statt gegen eine bestimmte Handlung *Alters* vorzugehen, beeinflußt oder bearbeitet sie das Handlungsumfeld oder -vorfeld *Alters* so, daß sich *Alter freiwillig*, auch ohne negative Sanktionen, für das entscheidet, was *Egos* Willen entspricht. Ohne jede Gewaltausübung nimmt der Machthaber Platz in der *Seele* des Anderen.

Das Modell der Kausalität vermag komplexe Beziehungen nicht zu beschreiben. Schon das organische

tung-Koalition, Frankfurt a. M. 1994, S. 9: »Eine Gesellschaft ohne Macht wäre eine Gesellschaft von Jasagern. Wer sie abschaffen wollte, müßte alle der Fähigkeit berauben, Nein sagen zu können. Denn das Handeln des einen endet am Widerstand des anderen, seiner unhintergehbaren Selbständigkeit und Freiheit, etwas anderes zu tun, als von ihm erwartet wird. Dagegen geht die Macht vor. Sie erweitert die Freiheit des einen gegen den anderen, indem sie sein Nein bricht, seine Freiheit negiert. Macht ist Freiheit zur Vernichtung von Freiheit.«

Leben entzieht sich dem Verhältnis der Kausalität. Im
Gegensatz zum leblosen, passiven Ding läßt der Organismus die äußere Ursache nicht einfach ohne eigenes
Hinzutun bei sich zur Wirkung kommen. Vielmehr
reagiert es *selbständig* auf die Ursache. Diese Fähigkeit
zur eigenständigen Antwort auf die äußere Veranlas-
sung kennzeichnet gerade das Organische. Ein lebloses
Ding *antwortet* dagegen nicht. Das Besondere des Lebendigen besteht darin, die äußere Ursache abzubre-
chen, zu verwandeln und etwas Neues bei sich begin-
nen zu lassen. Das Lebendige ist z. B. auf die Nahrung
zwar angewiesen, aber sie ist nicht die Ursache seines
Lebens. Wenn hier überhaupt von der Ursache die
Rede sein kann, so ist es das Lebendige selbst, das die
Macht hat, das ihm Äußere zur Ursache für bestimmte
organische Vorgänge erst zu *machen*. Diese sind also
keine einfache Wiederholung der äußeren Ursache im
Inneren. Sie sind vielmehr eigene Leistungen, eigene
Entscheidungen des Lebendigen. Es reagiert selbständig aufs Äußere. Die äußere Ursache ist nur eine der
vielen möglichen Veranlassungen, die vom Lebendigen
selbst zur Ursache bestimmt wird. Sie wird vom Lebendigen nie bloß passiv erlitten. Die äußere Ursache
kommt ohne Leistung oder Entscheidung des Inneren
nie zur Wirkung. Es gibt keine unmittelbare Verlänge-
rung des Äußeren ins Innere wie bei der Übertragung
der Bewegungsenergie von einem Körper auf den anderen. Die Kategorie der Kausalität ist noch weniger geeignet, das *geistige* Leben zu beschreiben. Die Komplexität des geistigen Lebens bedingt die Komplexität des
Machtgeschehens, das nicht ins lineare Verhältnis von
Ursache und Wirkung zu übersetzen ist. Sie unterschei-

det die Macht von der physischen Gewalt, bei der die einfache Kausalität von Kraft bzw. Stärke und Wirkung zu erreichen wäre. In dieser Komplexitätsreduzierung bestünde wohl der Vorteil der physischen Gewalt.

Das komplexe Machtgeschehen läßt sich ferner mit einfacher Arithmetik nicht angemessen beschreiben. Eine geringere Gegenmacht kann der Übermacht empfindliche Schäden zufügen. Dadurch fällt auch einem schwachen Gegner viel Bedeutung, somit viel Macht zu. Auch bestimmte politische Konstellationen können einer schwachen Partei oder Nation viel Macht verleihen. Und komplexe Interdependenzen sorgen für die Reziprozität der Macht. Ist *Ego* etwa auf die Mitarbeit von *Alter* angewiesen, so entsteht eine Abhängigkeit *Egos* von *Alter*. *Ego* kann seine Forderungen nicht mehr ohne Rücksicht auf *Alter* formulieren und durchsetzen, denn *Alter* verfügt über die Möglichkeit, auf den Zwang von *Ego* etwa mit der Kündigung seiner Mitarbeit zu reagieren, die auch *Ego* in eine schwierige Lage bringen würde. So kann *Egos* Abhängigkeit von *Alter* von diesem als eine Machtquelle wahrgenommen und eingesetzt werden. Auch die ganz Schwachen können ihre Ohnmacht in Macht umschlagen lassen, indem sie geschickt von den kulturellen Normen Gebrauch machen.

Zu berücksichtigen ist ferner die vielfache Dialektik der Macht. Das hierarchische Machtmodell, wonach die Macht einfach von oben nach unten ausstrahlt, ist undialektisch. Je mehr Macht ein Machthaber hat, desto mehr ist er etwa auf die Beratung und Mitarbeit der Untergebenen angewiesen. Er kann zwar viel befehlen. Aber aufgrund der wachsenden Komplexität geht die

faktische Macht auf seine Berater über, die ihm sagen,
was er befehlen soll. Die vielfachen Abhängigkeiten des
Machthabers werden für die Untergebenen zu Macht-
quellen. Sie führen zur strukturellen *Streuung der
Macht*.

Hartnäckig hält sich die Meinung, die Macht schließe
die Freiheit aus. Dies ist jedoch nicht der Fall. *Egos*
Macht erreicht gerade in der Konstellation ihr Maxi-
mum, in der *Alter* sich freiwillig seinem Willen fügt.
Ego drängt sich nicht *Alter* auf. Die *freie Macht* ist kein
Oxymoron. Sie besagt: *Alter* folgt *Ego* in Freiheit. Wer
eine absolute Macht erreichen will, wird nicht von der
Gewalt, sondern von der Freiheit des Anderen *Gebrauch* machen müssen. Sie wird in dem Moment erreicht, in dem die Freiheit und die Unterwerfung ganz
zusammenfallen.

Die Macht, die über die Befehle wirkt, und die
Macht, die auf der Freiheit und Selbstverständlichkeit
beruht, sind jedoch nicht zwei einander entgegenge-
setzte Modelle. Sie sind nur der *Erscheinung* nach verschieden. Auf eine abstrakte Ebene gehoben, offenba-
ren sie die ihnen gemeinsame Struktur. Die Macht befähigt *Ego* dazu, *im Anderen bei sich selbst zu sein*. Sie
erzeugt eine *Kontinuität des Selbst*. *Ego* realisiert bei
Alter seine Entscheidungen. Dadurch kontinuiert sich
Ego in *Alter*. Die Macht verschafft *Ego* Räume, die
seine sind, in denen er trotz der Präsenz des Anderen
bei *sich selbst* zu sein vermag. Sie befähigt den Machthaber dazu, im Anderen zu *sich* zurückzukehren. Diese
Kontinuität kann sowohl durch Zwang als auch durch
Gebrauch der Freiheit erreicht werden. Im Falle des
Gehorchens, das in Freiheit erfolgt, ist das Kontinuum

des *Ego* sehr stabil. Es ist mit *Alter vermittelt*. Die erzwungene Kontinuität des Selbst ist dagegen aufgrund
der mangelnden Vermittlung zerbrechlich. Aber in *beiden* Fällen verhilft die Macht *Ego* dazu, sich in *Alter* zu
kontinuieren, in *Alter* bei sich selbst zu sein. Wird die
Vermittlung auf Null reduziert, so schlägt die Macht in
Gewalt um. Die reine Gewalt versetzt *Alter* in eine ex-
treme Passivität und Unfreiheit. Es findet keine *innere*
Kontinuität zwischen *Ego* und *Alter* statt. Gegenüber
einem passiven Ding ist keine Macht im eigentlichen
Sinne möglich. So sind Gewalt und Freiheit die beiden
Endpunkte einer Macht-Skala. Eine steigende Vermittlungsintensität generiert mehr Freiheit bzw. mehr *Gefühl* der Freiheit. So ist die *Erscheinungsform* der
Macht durch deren innere Vermittlungsstruktur bedingt.

Die Macht ist ein Phänomen des Kontinuums. Sie
verschafft dem Machthaber einen weiten *Raum des
Selbst*. Diese Logik der Macht erklärt, warum der totale
Machtverlust als ein absoluter *Raumverlust* erfahren
wird. Der Leib des Machthabers, der gleichsam eine
ganze Welt ausfüllte, schrumpft auf ein ärmliches Stück
Fleisch zusammen. Der König hat nicht nur einen natürlichen Körper, der sterblich ist, sondern auch einen politisch-theologischen Körper, der seinem Reich
gleichsam koextensiv ist. Beim Machtverlust wird er auf
diesen kleinen, sterblichen Körper zurückgeworfen.[4] So
wird der Machtverlust als eine Art Tod erlebt.

Es ist ein irriger Glaube, daß die Macht nur hemmend oder zerstörend wirkt. Schon als Kommunika-

---

4 Vgl. Ernst H. Kantorowicz, *Die zwei Körper des Königs. Eine Studie
zur politischen Theologie des Mittelalters,* München 1990.

tionsmedium sorgt die Macht dafür, daß die Kommunikation in einer bestimmten Richtung zügig *fließt*. Der
Machtunterworfene wird dazu gebracht (aber nicht
notwendig dazu gezwungen), die Entscheidung, d. h.
die Handlungsselektion des Machthabers anzunehmen.
Die Macht ist die »Chance«, »die Wahrscheinlichkeit
des Zustandekommens unwahrscheinlicher Selektions-
zusammenhänge zu steigern«.[5] Sie steuert oder lenkt
die Kommunikation in eine bestimmte Richtung, indem sie die mögliche Diskrepanz zwischen dem Machthaber und dem Machtunterworfenen hinsichtlich der
Handlungsselektion aufhebt. So leistet sie die »Übertragung von Handlungsselektionen von einem Ent-
scheidungspunkt auf andere«, damit »die unbestimm-
te Komplexität menschlicher Handlungsmöglichkeiten
eingeschränkt«[6] wird. Die kommunikative *Führung* der
Macht muß nicht repressiv erfolgen. Die Macht *beruht*
nicht auf der Unterdrückung. Als Kommunikationsmedium wirkt sie vielmehr konstruktiv. So definiert
Luhmann die Macht als einen »Katalysator«. Katalysa-
toren beschleunigen den Eintritt von Ereignissen oder
beeinflussen den Verlauf von bestimmten Vorgängen,
ohne sich dabei selbst zu verändern. Dadurch erzeugen
sie einen »Zeitgewinn«. Auch in dem Sinne wirkt die
Macht *produktiv*.

Luhmann beschränkt die Macht auf jene kommunikative Konstellation, in der ein mögliches ›Nein‹ des
Machtunterworfenen gleichsam in der Luft liegt. Der

5 Luhmann, *Macht*, S. 12.
6 Niklas Luhmann, »Macht und System. Ansätze zur Analyse von
  Macht in der Politikwissenschaft«, in: *Universitas. Zeitschrift für
  Wissenschaft, Kunst und Literatur* 5 (1977) S. 473–482, hier: S. 476.

Bedarf an Macht als Kommunikationsmedium entsteht angesichts einer Unwahrscheinlichkeit der Annahme der Handlungsselektion, nämlich eines kommunikativen Engpasses.[7] Die Macht soll das ›Nein‹, das immer möglich ist, in ein ›Ja‹ umwandeln. Im Gegensatz zu jener negativen Konzeption der Macht, die immer ›Nein‹ sagt, besteht die Funktion des Kommunikationsmediums Macht darin, die Wahrscheinlichkeit des ›Ja‹ zu erhöhen. Das ›Ja‹ des Machtunterworfenen muß nicht jubilatorisch sein. Aber es ist auch nicht notwendig ein Effekt des Zwanges. Die Positivität oder Produktivität der Macht als »Chance« erstreckt sich auf den breiten *Zwischenraum zwischen Jubel und Zwang.* Der Eindruck, die Macht sei destruktiv oder hemmend, entsteht dadurch, daß nur in der vermittlungsarmen Konstellation des Zwanges die Aufmerksamkeit eigens auf die sich aufdrängende Macht gelenkt wird. Wo die Macht dagegen nicht als Zwang auftritt, wird sie kaum oder wenig als solche wahrgenommen. Sie geht gleichsam in der Zustimmung unter. Das negative Urteil über die Macht entspringt also einer *selektiven Wahrnehmung.*

Max Weber definiert die Macht wie folgt: »Macht bedeutet jede Chance, innerhalb einer sozialen Beziehung den eigenen Willen auch gegen Widerstreben durchzusetzen, gleichviel worauf diese Chance beruht.«[8] Dann

---

7 Vgl. Luhmann, *Macht*, S. 13: »Nur wenn und soweit Güter knapp sind, wird der handelnde Zugriff des einen zum Problem für andere, und diese Situation wird dann durch ein Kommunikationsmedium geregelt, das die Handlungsselektion des einen in das Miterleben anderer überführt und dort akzeptierbar macht.«

8 Max Weber, *Wirtschaft und Gesellschaft*, 1. Halbband, Tübingen ⁵1976, S. 28.

bemerkt er, daß der Begriff »Macht« soziologisch
»amorph« sei. Der soziologische Begriff der »Herrschaft«, die garantiert, »für einen *Befehl* Fügsamkeit zu
finden«, sei dagegen ein »präziserer«. Diese Einschät-
zung ist nicht unproblematisch. »Amorph« ist die
Macht in soziologischer Hinsicht gewiß nicht. Dieser
Eindruck entspringt nur einer beschränkten Wahrneh-
mungsweise. Eine ausdifferenzierte Welt produziert indirekte, still wirkende, weniger offensichtliche Macht-
grundlagen. Auf deren Komplexität und Indirektheit
geht der Eindruck zurück, die Macht wirke »amorph«.
Im Gegensatz zur Herrschaft des Befehls tritt die
Macht nicht offen in Erscheinung. Die Macht der
Macht besteht ja gerade darin, daß sie auch ohne den
ausdrücklichen »Befehl« Entscheidungen und Handlungen bewegen kann.

Die Macht ist der Freiheit nicht entgegengesetzt. Es
ist gerade die Freiheit, die die Macht von der Gewalt
oder vom Zwang unterscheidet. Auch Luhmann kop-
pelt die Macht an die »soziale Beziehung«, »in der *auf
beiden Seiten anders gehandelt werden könnte*«.[9] Bei
Handlungen unter Zwang bildet sich demnach keine
Macht. Selbst das Gehorchen setzt eine Freiheit voraus,
denn es ist immer noch eine Wahl. Die physische Gewalt dagegen vernichtet auch die Möglichkeit des Gehorchens. Sie wird passiv *erlitten*. Das Gehorchen hat
mehr Aktivität und Freiheit als das passive Erleiden der
Gewalt. Es findet immer vor dem Hintergrund einer
Alternative statt. Auch der Machthaber muß frei sein.
Sähe er sich nämlich durch eine Sachlage gezwungen,

9 Niklas Luhmann, *Soziologische Aufklärung 4. Beiträge zur funktionalen Differenzierung der Gesellschaft*, Opladen 1987, S. 117.

eine bestimmte Entscheidung zu treffen, dann hätte nicht er, sondern, wenn überhaupt, die zwingende Sachlage Macht. Er wäre ihr passiv ausgeliefert. Der Machthaber muß frei sein, um ein bestimmtes Verhalten *wählen* und durchsetzen zu können. Er muß zumindest in der *Illusion* handeln, daß seine Entscheidung tatsächlich *seine* Wahl ist, nämlich in der Illusion, daß er *frei* ist.

In jeder Kommunikation ist es prinzipiell offen, ob die Entscheidung von *Ego* von *Alter* akzeptiert oder abgelehnt wird. Die Macht von *Ego* erhöht aber die Wahrscheinlichkeit, daß *Alter* den Entscheidungen von *Ego* Folge leistet. So faßt Luhmann die Macht als ein Kommunikationsmedium auf, das die Wahrscheinlichkeit der Annahme der Entscheidung von *Ego* bei *Alter* steigert. Dieses Machtmodell verbindet zwar die Macht mit der Idee der Freiheit. Aber die Machtbeziehung ist hier immer an die Vermeidung einer negativ bewerteten Situation gebunden. Diesen Sachverhalt macht ein Beispiel von Luhmann deutlich: »A droht B mit einem für beide negativ bewerteten physischen Kampf. Seine Macht beruht darauf, daß er den Kampf weniger negativ bewertet als B, und darauf, daß es für beide Seiten eine zweite, weniger negativ bewertete Kombination von Alternativen gibt, die beide wählen können. Die größere Chance, zu bestimmen, was geschieht, fällt in solchen Lagen dem zu, dessen Alternativenkonstellation die größere Elastizität hat, so daß er Lagen noch akzeptieren kann, die dem anderen schon zu unangenehm sind.«[10]

10 Luhmann, »Macht und System«, S. 476. Vgl. ebd.: »Die Drohung mit dem direkten Konflikt oder mit physischer Gewalt ist zwar

7 | Luhmann koppelt die Macht also an eine negative Sanktion (z. B. Entlassung oder Androhung von anderen Nachteilen). Für die Machtausübung muß *Ego* über die Möglichkeit verfügen, kraft einer negativen Sanktion *Alter* unter Druck zu setzen. Die negative Sanktion ist eine Handlungsmöglichkeit, die *beide* Seiten, d. h. *Ego* und *Alter*, vermeiden möchten, *Alter* aber dringender als *Ego*. Falls etwa die Entlassung von *Alter* nicht diesen, sondern *Ego* empfindlicher träfe, könnte sie von *Ego* nicht als Machtmittel eingesetzt werden. In diesem umgekehrten Fall wird die Möglichkeit der Kündigung zur Machtquelle von *Alter*. In Luhmanns Worten heißt dies: »Die negative Sanktion ist nur eine bereitgehaltene Alternative – eine Alternative, die im Normalfall, auf den die Macht aufbaut, *beide* Seiten lieber vermeiden als aktualisieren möchten. Die Macht ergibt sich dann daraus, daß der Machthaber die Ausführung der negativen Sanktion eher in Kauf nehmen könnte als der Machtunterworfene. Gerade weil sie nicht benutzt wird und solange sie nicht benutzt wird, gibt die Möglichkeit der Verhängung negativer Sanktionen Macht. Daher ist die Macht am Ende, wenn sie provoziert werden kann. Die Ausübung physischer Gewalt ist keine Anwen-

---

insofern ein sehr effektives Machtmittel, als sie kontextunabhängig ist. Aber für komplexe Vorgänge ist sie zu grob. Ein System, das nur die Gewalt als Machtmittel kennt, ist arm an Differenzierungen und nur zu einer geringen Produktivität fähig. Ein komplexes System ist auf fein strukturierte Steuerungs- bzw. Machtmechanismen angewiesen. Die bloße Muskelkraft hilft da wenig. In einem komplexen System entstehen Konstellationen, in denen indirekte, weniger offensichtliche Machtmittel viel effektiver funktionieren als Drohungen mit Gewalt.«

dung von Macht, sondern Ausdruck ihres Scheiterns [...].«[11]

Luhmanns Theorie der Macht ist in vielen Punkten problematisch. Fürs Machtgeschehen ist es zunächst nicht unbedingt erforderlich, daß *beide* Seiten die Realisierung der negativen Sanktion vermeiden wollen. Verfügt der Machthaber etwa über die Möglichkeit, den Untergebenen *ohne weiteres* durch einen anderen zu ersetzen, so muß er im Gegensatz zum Machtunterworfenen die Realisierung der Sanktion, d. h. die tatsächliche Entlassung nicht fürchten. Für die Bildung einer Machtbeziehung muß also nicht jene Alternative vorliegen, deren Realisierung *beide* Seiten vermeiden möchten. Es genügt, daß nur eine Seite sie vermeiden will. Diese Asymmetrie reduziert die Macht des Machthabers nicht notwendig. Sie stattet ihn womöglich mit größerer Macht aus. Mehr Macht bedeutet hier für den Machthaber mehr Freiheit. Er ist frei, weil der Andere für sein Handeln keine Grenze mehr darstellt.

Die Machtbeziehung setzt, genau besehen, nicht einmal eine einseitige Vermeidungsalternative voraus, nämlich die Alternative, die nur der Machtunterworfene vermeiden will. Nimmt *Alter* die Entscheidung von *Ego* an, so muß diese Zustimmung nicht aus Furcht vor einer negativen Sanktion erfolgen. Das ›Ja‹ von *Alter* kann die Entscheidung von *Ego* *als solche* bejahen, und zwar ohne jeden *Seitenblick* auf die Vermeidungsalternative. Die Macht von *Ego* gipfelt gerade in diesem emphatischen ›Ja‹ von *Alter* zu *Ego*, das keinen Hauch von ›Na ja‹ enthält. Für Luhmann dage-

11 Luhmann, *Soziologische Aufklärung 4*, S. 119.

gen beruht die Machtausübung immer auf einem ›Na ja‹. Nicht bloßes Einverständnis, sondern Enthusiasmus und Begeisterung ruft der mächtige Machthaber hervor.

Die Macht steigt Luhmann zufolge proportional zur wachsenden Dichte von Handlungsalternativen: »Die Macht des Machthabers ist größer, wenn er mehr und verschiedenartigere Entscheidungen zu machtmäßiger Durchsetzung auswählen kann; und sie ist außerdem größer, wenn er dies gegenüber einem Partner tun kann, der seinerseits mehr und verschiedenartigere Alternativen besitzt. Macht steigt mit Freiheiten auf *beiden* Seiten, steigt zum Beispiel in einer Gesellschaft in dem Maße, als sie Alternativen erzeugt.«[12] Es ist gewiß ein Zeichen von Freiheit und Macht, daß *Ego* zur machtmäßigen Kommunikation eine Vielzahl von Handlungsmöglichkeiten besitzt. Und von *Egos* Macht zeugt auch, daß *Alter* trotz attraktiver Handlungsmöglichkeiten, über die er noch verfügt, der Selektion von *Ego* folgt. Aber die Freiheit, die *Alter* aufgrund seiner breiten Handlungsspielräume hat, steigert nicht notwendig die Macht von *Ego*. Sie kann sie sogar destabilisieren. Das *Gefühl der Freiheit* auf Seiten des Machtunterworfenen hängt nicht von der Anzahl von Alternativen ab, über die er verfügt. Entscheidend ist vielmehr die Struktur oder die Intensität des ›Ja‹, das *Alter Ego* entgegenbringt. Die Emphase des ›Ja‹, die ein Gefühl der Freiheit generiert, ist unabhängig von der Menge der Handlungsmöglichkeiten.

12 Luhmann, *Macht*, S. 9 f.

Luhmann geht von der Annahme aus, »daß die Macht des Vorgesetzten auf seine Untergebenen und die Macht der Untergebenen auf ihre Vorgesetzten sich durch Intensivierung der Beziehung gleichzeitig steigern lassen«.[13] Er bezieht sich dabei auf einen Ansatz der Unternehmensführung, der mit dem hierarchischen Modell der Einflußnahme bricht: »Die Leiter von sehr produktiven Abteilungen haben ein anderes, besseres Führungssystem als diejenigen von wenig produktiven Abteilungen. Dieses bessere System sichert dem Chef mehr Einfluß, indem es auch den Untergebenen mehr Möglichkeiten zur Einflußnahme bietet.«[14] Der Vorgesetzte büßt, wird seine Entscheidung von den Untergebenen nicht voll akzeptiert, viel an Einfluß ein, denn der Einfluß auf Entscheidungen fällt mit dem Einfluß auf *tatsächliche* Ausführungen durch Untergebene nicht zusammen. Es ist durchaus möglich, daß der Vorgesetzte, der autoritär entscheidet, nur wenig Einfluß auf die Ausführungsvorgänge hat. Dies besagt jedoch nicht, daß die Möglichkeit der Einflußnahme durch die Untergebenen dem Vorgesetzten mehr Einfluß oder gar mehr Macht sichert. Der Versuch des Vorgesetzten, unter Androhung der Kündigung oder einer anderen negativen Sanktion seine Entscheidung durchzusetzen, steigert seine Macht gewiß nicht. Er erzeugt ja eine Machtbeziehung, die aufgrund geringer Vermittlung zerbrechlich ist. Er gewönne mehr Macht, wenn die Untergebenen seine Entschei-

13 Niklas Luhmann, »Klassische Theorie der Macht. Kritik ihrer Prämissen«, in: *Zeitschrift für Politik* 2 (1969) S. 149–170, hier: S. 163.
14 Rensis Likert, *Neue Ansätze der Unternehmensführung*, Bern/Stuttgart 1972, S. 63.

dung mit trügen. Seine Macht steigt jedoch nicht dadurch, daß die Untergebenen mehr Einfluß auf ihn ausüben. Die Intensivierung der gegenseitigen Einflußnahme mag die *Effizienz* des Unternehmens erhöhen. Aber sie steigert nicht die *Macht* der Akteure. So kann die Dezentralisierung der Macht zu mehr Produktivität führen. Die Beziehung intensiviert sich außerdem nicht einfach durch eine Verstärkung gegenseitiger Einflußnahme. Die Intensivierung der Beziehung wird eher durch gegenseitiges Vertrauen oder gegenseitige Anerkennung erreicht. Außerdem reduziert auch das Vertrauen die Komplexität, was den Entscheidungsprozeß positiv beeinflußt. Produktivitätssteigernd ist gerade die kommunikative Atmosphäre von Vertrauen und Anerkennung, die aber mit der Atmosphäre der Macht nicht identisch ist. Die Intensivierung der Beziehung vergrößert nicht einfach die Summe der Macht. Nicht überzeugend ist also die These Luhmanns, daß die Macht des Vorgesetzten und die der Untergebenen durch intensive Beziehung sich gleichzeitig steigern ließen.

Die Macht ist außerdem mit dem Einfluß nicht gleichzusetzen. Der Einfluß kann machtneutral sein. Ihm wohnt nicht die machttypische Intentionalität inne, die ein Kontinuum des Selbst ausbildet. Ein Untergebener, der etwa aufgrund seiner besonderen Kenntnisse viel Einfluß auf den Entscheidungsprozeß zu nehmen vermag, muß nicht viel Macht besitzen. Die Möglichkeit der Einflußnahme mündet nicht von sich aus in ein Machtverhältnis ein. Sie muß erst in dies *umgemünzt* werden.

Luhmann schreibt zur physischen Gewalt: »Machtbildung steht in einem ambivalenten Verhältnis zur physischen Gewalt. Sie benutzt Gewalt gleichsam im Irrealis, nämlich unter der Voraussetzung, daß Gewalt nicht angewandt wird. Die Gewalt wird virtualisiert, wird als negative Möglichkeit stabilisiert.«[15] Der Rechtsstaat verfügt zwar über die Möglichkeit einer Gewaltanwendung, die bei Verletzung der Rechtsordnung aktiviert wird. Sie bedeutet jedoch nicht, daß der Rechtsstaat auf der Gewalt oder auf einer anderen negativen Sanktion *beruht*. Das Schielen auf die mögliche Verhängung der negativen Sanktion oder auf eine mögliche Gewaltanwendung ist keine *Bedingung* fürs positive Machtgeschehen. Man vermeidet das Verbrechen in erster Linie nicht aus Furcht vor der Strafe, sondern *aus Anerkennung der Rechtsordnung*, d. h. aus dem Grund, daß das Recht mein Wille, mein eigenstes Tun, meine Freiheit ist. Hinter dem Gesetz steht gewiß das Schwert.[16] Aber es *beruht* nicht auf ihm. Und wer nur kraft negativer Sanktion seine Entscheidung durchzusetzen vermag, hat wenig Macht. Daß eine Organisation über wenige Sanktionsformen verfügt, sagt nichts darüber, wieviel Macht sie tatsächlich besitzt. *Machtlogisch* ist eine mächtige Organisation denkbar, die aber keine einzige negative Sanktion kennt. Die Bindung der Macht an die negative Sanktion nimmt auch Luhmann die Sensibilität für die Möglichkeit einer *freien Macht*.

Die zunehmende Komplexität einer Organisation kann auch dazu führen, daß sie sich von den handelnden Personen ganz ablöst und sich zu einer anonymen

15 Luhmann, »Macht und System«, S. 477.
16 Vgl. Michel Foucault, *Der Wille zum Wissen. Sexualität und Wahrheit 1*, Frankfurt a. M. 1977, S. 171.

Größe[17] verselbständigt. Bei Kafka finden sich ja beredte Bilder für diesen Prozeß, der auch die Entfremdung der handelnden Person zur Folge hat. Kafkaesk wirken auch Luhmanns Bemerkungen zur modernen Organisation: »[...] nach der Logik der Organisation werden die seltsamsten Dinge verlangt und durchgesetzt: Man muß als Arbeiter Stunde auf Stunde die gleichen Löcher bohren, muß als Patient eines Krankenhauses, obwohl krank, morgens um 6 Uhr aufwachen und Fieber messen, muß als Professor in belanglosen, fast immer folgenlosen Sitzungen Protokoll führen. Mit Hilfe dieses Mechanismus Organisation können die erstaunlichsten Handlungsselektionen übertragen werden – weit mehr und verschiedenartigere Handlungen, als mit der Gewalt motiviert werden könnten.«[18] Die Erstarrung der Organisationsstruktur erzeugt gewiß Zwänge. Luhmann verwechselt aber diese Zwänge mit der Macht, wenn er schreibt: »Kein Tyrann der Vergangenheit, kein angeblich absolut regierender Machthaber historischer Großreiche hat je nennenswerte Macht in diesem Umfange ausbilden können – gemessen an Zahl und Verschiedenartigkeit der fremddeter-

---

17 Die Bürokratisierung und Anonymisierung der Organisation bildet Weber zufolge eine Macht aus, die ohne jedes ›Charisma‹ wirkt. Die genuin charismatische Herrschaft bedarf, so Weber, keiner Behörden, keiner Beamten und keiner Reglements. In ihr gibt es keine Ämter und Kompetenzen. Weber setzt sie der »bureaukratischen Herrschaft« entgegen, die an diskursiv analysierbare Regeln gebunden ist. Das Charisma reduziert gerade wegen seiner Regelfremdheit die Komplexität radikal. Darin besteht wahrscheinlich seine Verführungskraft. Für alle charismatische Herrschaft gälte der Satz: »Es steht geschrieben, – ich aber sage euch.« Vgl. Weber, *Wirtschaft und Gesellschaft*, S. 141.

18 Luhmann, »Macht und System«, S. 479.

minierbaren Entscheidungen. Nicht einmal Terror ist eine gleichwertige Alternative für Organisation.«[19] Problematischerweise faßt hier Luhmann die Zunahme der fremddeterminierbaren Entscheidung als die der Macht, während er an einer anderen Stelle eine positive Wechselwirkung zwischen Macht und Freiheit annimmt. Es hieß ja: »Macht steigt mit Freiheiten auf *beiden* Seiten, steigt zum Beispiel in einer Gesellschaft in dem Maße, als sie Alternativen erzeugt.« Luhmann macht die Macht von der Entscheidung und Selektionsübertragung abhängig. Je komplexer eine Organisation wird, desto mehr Macht, d. h. mehr Selektionsleistung muß sie hervorbringen. Diese These ist insofern problematisch, als die Selektion nicht allein durch die Macht bewerkstelligt wird. Die Macht wächst nicht proportional zur Menge von Entscheidungen.

Angesichts der Kommunikationsstruktur der modernen Organisation kommt Luhmann zu folgender Schlußfolgerung: »Trotz alldem deutet vieles darauf hin, daß im Wettlauf gesellschaftlicher Evolution der Machtmechanismus zu den Verlierern gehört.«[20] Die Macht hat Luhmann zufolge zu geringe Komplexität für eine moderne Gesellschaft, weil sie »auf einer viel zu konkreten Ebene ansetzt«. Die moderne Organisation könne nicht durch ein »Nadelöhr von wechselseitig antizipierbaren Handlungsbestimmungen« hindurchgepreßt werden.[21] Luhmanns Diagnose, daß die Macht zu den Verlierern der gesellschaftlichen Evolution gehören werde, geht auf seinen machttheoretischen

19 Ebd., S. 480.
20 Ebd.
21 Ebd., S. 481.

Ansatz zurück, der die Macht auf die von Mensch zu Mensch erfolgende Handlungsselektion beschränkt. Die Macht ist die »Macht von Menschen über Menschen«.[22]

Luhmann weiß wohl, daß die Machtausübung als »Selektionsvorgang« »abhängig von den Systemstrukturen« ist. Das System generiert eine *bestimmte* Konstellation von Handlungsmöglichkeiten, innerhalb deren eine machtmäßige Kommunikation stattfindet. So ist die Macht eine *»strukturabhängige Selektion«*. Die Alternativkonstellationen, in denen sich der Selektionsvorgang abspielt, sind bedingt durch das System. Die Akteure der machtmäßigen Kommunikation sind eingespannt in die durchs System generierte Lage, die die jeweilige interpersonale Machtbeziehung *präfiguriert*. Diese Präfigurierung kann auch *vorbewußt* erfolgen. Die Möglichkeit einer *vorreflexiven* Präfigurierung bleibt Luhmann auch deshalb verborgen, weil die machtmäßige Kommunikation seiner Machttheorie zufolge durchweg in der Transparenz einer *bewußten* Handlungsselektion erfolgt. In seine Machttheorie kann jene Form der Macht keinen Eingang finden, die sich *diesseits* der bewußten Selektion einem *Ego* und *Alter* übergreifenden Kontinuum einschreibt.

Da Luhmann die Macht auf die *lineare* Beziehung zwischen einzelnen Akteuren der Kommunikation fokussiert, wird jene *räumliche* Macht kaum wahrgenommen, die in Form eines Kontinuums, einer Ganzheit auftritt. Der Raum kann Linien der Kommunikation beeinflussen, auch ohne daß er von diesen eigens wahr-

22 Ebd.

genommen wird. Oft hat das *Abwesende* mehr Macht als das Anwesende. Die räumliche Macht kann auch als jene *Gravitation* auftreten, die eine Gesamtordnung herstellt, indem sie diffuse Kräfte zu einem Gebilde versammelt. Ihre Wirkungsweise läßt sich mit der linearen Kausalität nicht beschreiben. Die Macht wirkt hier nicht als eine Ursache, die beim Machtunterworfenen eine bestimmte Handlung bewirkt. Vielmehr eröffnet sie einen *Raum*, in dem eine Handlung erst eine Richtung, d. h. einen *Sinn* erhält, einen *Raum* also, der der *Linie* der Kausalität oder Handlungskette vorausgeht. Er ist eine *Domäne*, innerhalb deren der eine mehr Macht haben, d. h. *dominierender* sein kann als der andere. Die Macht stiftet einen *Ort*, der *einzelnen* Machtbeziehungen vorgelagert ist.

Die Macht bildet unterschiedliche Formen der Kontinuität. Es ist bereits darauf hingewiesen worden, daß die Macht *Ego* dazu befähigt, *sich* in *Alter* zu *kontinuieren*, in *Alter sich selbst* zu erblicken. Sie verschafft *Ego* eine durchgängige *Kontinuität des Selbst*. Die Lust an der Macht geht wohl auf dieses *Kontinuitätsgefühl* des *Ego* zurück.

Jeder Macht-Raum hat die Struktur des Selbst, das *sich* will. Das überindividuelle Machtgebilde wie der Staat beruht zwar nicht auf dem Willen eines einzelnen Individuums. Aber es besitzt auch die Verfaßtheit eines Selbst, das *sich* behauptet. Die Figur eines Staatsoberhauptes spiegelt seine Subjektivitätsstruktur wider. Jeder Macht-Raum ist ein *Kontinuum des Selbst*, das *sich* durchhält gegenüber dem Anderen. Kontinuität und Subjektivität sind Strukturelemente, die allen Erscheinungsformen der Macht gemeinsam sind.

Auch die überindividuellen Machtgebilde haben eine unterschiedliche Vermittlungsstruktur. Entsprechend unterschiedlich verhält sich das Ganze zum Einzelnen. Bei fehlender Vermittlung überwältigt das Ganze das Einzelne. Hier muß die Macht auf Verbote oder Befehle zurückgreifen. Nur mit Zwang *kontinuiert sich* das Ganze ins Einzelne. Bei intensiver Vermittlung dagegen erfolgt die Kontinuitätsbildung ohne Zwang, denn das Einzelne erfährt das Ganze als seine *eigene* Bestimmung. In seinem Verhältnis zum Ganzen wird dem Einzelnen nichts aufgedrängt. So wird im Rechtsstaat etwa die Rechtsordnung vom einzelnen Bürger nicht als fremder Zwang empfunden. Sie stellt vielmehr seine *eigene* Bestimmung dar. Sie macht ihn *erst* zu einem *freien* Bürger. Im totalitären Staat dagegen erleidet der Einzelne das Ganze als eine ihm *fremde* Bestimmung. Diese Vermittlungslosigkeit erzeugt viel Zwang. Die erzwungene Kontinuität ist zerbrechlich.

Orientiert man sich an der Idee der Vermittlung, so lassen sich die Theorien der Macht, die immer wieder gegeneinander antreten, unter ein Theoriemodell subsumieren. Die Macht als Zwang und die Macht als Freiheit sind nicht grundsätzlich verschieden. Sie unterscheiden sich nur hinsichtlich des Vermittlungsgrades. Sie sind unterschiedliche Erscheinungen der *einen* Macht. Alle Machtformen sind auf die Kontinuitätsherstellung ausgerichtet und setzen ein Selbst voraus. Vermittlungsarmut erzeugt Zwang. Bei höchster Vermittlung fallen Macht und Freiheit zusammen. In diesem Falle ist die Macht am stabilsten.

Selbst wenn ein Macht-Raum nach innen hin eine intensive Vermittlung erreicht, kann er sich nach außen hin, d. h. gegenüber anderen Macht-Räumen antagonistisch verhalten. Bei extremer Vermittlungsarmut bestimmt die Gewalt wieder ihre Beziehung. So kann selbst ein demokratischer Staat für die Durchsetzung seiner eigenen Interessen dem anderen Staat mit offenem Konflikt drohen oder Gewalt anwenden. Eine übergreifende Machtsphäre, eine höhere Vermittlungsinstanz wäre notwendig, sollten die Macht-Räume, die gegeneinander agieren, zu einer Ganzheit vereinigt oder *vermittelt* werden.

Notwendig für Vermeidung von Konflikten zwischen Nationalstaaten ist somit, das gehört zur *Logik der Macht*, die Bildung eines supranationalen Machtgebildes, d. h. einer supranationalen Rechtsordnung,[23] d. h. eine *Globalisierung der Macht und der Rechte*, die die nationalstaatliche Vereinzelung überwindet. Der Macht muß ein *Ort* gegeben werden, der über den Nationalstaat hinausgreift. Die Wildheit der Globalisie-

---

23 Auch Paul Tillich macht auf die Notwendigkeit einer übergreifenden Machtsphäre aufmerksam, die supranational agiert. Vgl. P. T., »Das Problem der Macht. Versuch einer philosophischen Grundlegung«, in: *Gesammelte Werke*, hrsg. von Renate Albrecht, Bd. 2, Stuttgart 1962, S. 193–208, hier: S. 203: »Die letzten übergreifenden Gruppen, die um der Verwirklichung ihres gesellschaftlichen Seins willen eine Machtposition schaffen, sind gegenwärtig die Nationalstaaten, in ihren Hauptrepräsentanten als ›Mächte‹, d. h. als umfassendste Träger gesellschaftlichen Seins gekennzeichnet. Die Souveränität ist das Merkmal einer Machtgruppe, die nicht mehr in eine übergreifende Gruppe eingeht. Die Begegnung vollzieht sich in einem labilen Gleichgewicht, dessen Konstellation sich ständig ändert. Da die anerkannte Machtposition fehlt, ist willkürliche Gewaltdrohung und -anwendung die grundsätzlich einzige Form der Machtdurchsetzung. Die Änderung der Lage ist nur möglich durch Schaffung einer übergreifenden Machtposition mit Anerkanntheit und Rechtsgebundenheit, also durch Schaffung einer die Souveränität aufhebenden übernationalen staatlichen Einheit.«

rung rührt daher, daß sie nicht genug global, nicht *weltvermittelt* ist, daß sie dadurch stark asymmetrische Strukturen, ungerechte Verteilungen von Chancen und Ressourcen hervorbringt, daß sie von keiner übergreifenden Macht- und Vermittlungsinstanz umspannt ist. In einer dialektischen Wechselwirkung von Für und Gegen wird sich eine Vermittlungsstruktur bilden und verdichten. Die Globalisierung hat also einen *dialektischen Bildungsprozeß* zu durchlaufen. Hegel würde sagen, daß die Globalisierung noch *ohne Begriff* ist. Begriff bedeutet *Vermittlung*. In diesem Zusammenhang kann *auch* die transnationale Struktur der weltweit agierenden Wirtschaftsunternehmen diesen Vermittlungsprozeß vorantreiben.

Die Machtformen, die bisher thematisiert wurden, haben alle einen kommunikativen Charakter. Auch jene physische Gewalt, die dafür eingesetzt wird, eine bestimmte Handlung beim Anderen zu erzwingen, ist insofern noch in einen Kommunikationsprozeß eingespannt, als sie, wenn auch gewaltsam, so doch eine handlungsbezogene Entscheidung realisiert. Sie wird nämlich dafür eingesetzt, den Anderen zum Tun oder Unterlassen einer bestimmten Handlung zu zwingen. Die Gewalt wird aber *nackt*, wenn sie jedes kommunikativen Zusammenhanges entkleidet wird. Ihre Unheimlichkeit oder Abgründigkeit besteht in dieser Nacktheit. Willkürliches Quälen oder ganz sinnlose Tötung des Anderen etwa, die ohne jede kommunikative Intentionalität erfolgt, verweist auf diese nackte, *sinn*-lose, ja pornographische Gewalt. Sie zielt nicht auf eine Kommunikation ab. Für den Täter der nackten Gewalt ist es letzten Endes unwichtig, *was* der Andere

tut. <u>Und es kommt auch nicht auf den Gehorsam an.</u>
Das Gehorchen ist ja immer noch ein kommunikativer
Akt. Versucht wird vielmehr, das Tun des Anderen,
dessen Willen, ja die Freiheit und die Würde des Anderen *vollständig auszulöschen*. Die nackte Gewalt be-
zweckt eine vollständige Tilgung der *Alterität*.[24]

Der Kommunikation ganz entkleidet ist auch jene
archaische Machtpraxis, die Canetti immer wieder beschwört, als wäre sie die einzige Form der Macht: »Unter *Mana* versteht man in der Südsee eine Art von über-
natürlicher unpersönlicher Macht, die von einem Menschen auf den anderen übergehen kann. Sie ist sehr
erstrebenswert, und es ist möglich, sie in einzelnen Individuen anzureichern. Ein tapferer Krieger kann sie in
hohem Maße erwerben. Er verdankt sie aber nicht seiner Erfahrenheit im Kampfe oder seiner Körperkraft,
sondern sie geht als das Mana seines erschlagenen Feindes auf ihn über. [...] Die Wirkung des Sieges auf den
Überlebenden läßt sich nicht klarer fassen. Indem er
den anderen getötet hat, ist er stärker geworden, und

---

24 Dem Terror des Konzentrationslagers liegt gewiß diese nackte *Gewalt* zugrunde. Nicht zutreffend ist die Bezeichnung »absolute
Macht«, mit der Wolfgang Sofsky den Terror des Konzentrationslagers charakterisiert. Die absolute Macht setzt eine kommunikative
Vermittlung voraus, die der nackten Gewalt ganz fehlt. Vgl. W. S.,
Die Ordnung des Terrors: Das Konzentrationslager, Frankfurt a. M.
1997. Die »absolute Macht« ist für Hegel alles andere als die terrori-
stische Gewalt: »Die absolute Macht herrscht nicht; im Herrschen
geht das Andere unter, – hier bleibt dieses, aber gehorcht, dient als
Mittel.« Vgl. Georg Wilhelm Friedrich Hegel, *Vorlesungen über die
Philosophie der Religion I*, in: G.W. F. H., *Werke in zwanzig Bänden*, hrsg. von Eva Moldenhauer und Karl Markus Michel, Bd. 16,
Frankfurt a. M. 1970, S. 417. Es ist nicht die absolute Macht, sondern die absolute, nackte Gewalt, die das Andere vollständig aus-
löscht.

der Zuwachs an Mana macht ihn zu neuen Siegen fähig. Es ist eine Art von Segen, den er dem Feinde entreißt, aber er kann ihn nur bekommen, wenn dieser tot ist. Die physische Gegenwart des Feindes, lebend und tot, ist unerläßlich. Es muß gekämpft und es muß getötet worden sein; auf den eigenen Akt des Tötens kommt alles an. Die handlichen Teile der Leiche, deren der Sieger sich versichert, die er sich einverleibt, mit denen er sich behängt, erinnern ihn immer an den Zuwachs seiner Macht.«[25] Diesem archaischen Kampf muß nicht ein Interessenkonflikt vorausgehen, der ihm doch einen kommunikativen Charakter verliehe. Allein aufs Töten des Anderen und auf die Wahrnehmung des Getöteten kommt es an. Das Gefühl der Macht entsteht hier unvermittelt, d. h. ohne jede kommunikative Vermittlung. Es entspringt ebensowenig der Anerkennung der Stärke des Siegers durch die Anderen. Wie eine magische Kraft wandert die Macht vom Getöteten auf den Sieger.

Das archaische Bewußtsein verdinglicht die Macht offenbar zu einer besitzbaren Substanz. Die Macht ist aber ein Verhältnis. So gibt es ohne *Alter* auch für *Ego* keine Macht. Die Tötung des Anderen beendet gerade das Macht-Verhältnis. Zwischen Menschen, die blind aufeinander losstürzen, entsteht keine Macht. Es gibt nur Unterschiede der physischen Stärke. Die eigentliche Macht entsteht erst, wenn der Eine entweder aus Angst vor dem möglichen Tod oder aus Antizipation der physischen Überlegenheit des Gegners sich diesem unterwirft. Nicht der Kampf, der zum Tod des Einen

---

25 Elias Canetti, *Masse und Macht*, Hamburg 1960, S. 287 f.

führt, sondern seine Abwesenheit konstituiert die
Macht im eigentlichen Sinne.

Canetti verfügt offensichtlich nur über einen sehr beschränkten Machtbegriff. Er setzt die Macht weitgehend mit Zwang, Unterdrückung und Unterwerfung
gleich. So geht die Machtbeziehung über die Beziehung
zwischen Katze und Maus nicht hinaus: »Die Maus,
einmal gefangen, ist in der Gewalt der Katze. Sie hat sie
ergriffen, sie hält sie gepackt, sie wird sie töten. Aber
sobald sie mit ihr zu *spielen* beginnt, kommt etwas
Neues dazu. Sie läßt sie los und erlaubt ihr, ein Stück
weiterzulaufen. Kaum hat die Maus ihr den Rücken ge-
kehrt und läuft, ist sie nicht mehr in ihrer Gewalt.
Wohl aber steht es in der *Macht* der Katze, sie sich
zurückzuholen. Läßt sie sie ganz laufen, so hat sie
sie auch aus ihrem Machtbereich entlassen. Bis zum
Punkte aber, wo sie ihr sicher erreichbar ist, bleibt sie in
ihrer Macht. Der Raum, den die Katze überschattet, die
Augenblicke der Hoffnung, die sie der Maus läßt, aber
unter genauester Bewachung, ohne daß sie ihr Interesse
an ihr und ihrer Zerstörung verliert, das alles zusammen, Raum, Hoffnung, Bewachung und Zerstörungs-
Interesse, könnte man als den eigentlichen Leib der
Macht oder einfach als die Macht selbst bezeichnen.«[26]

Die Macht ist »geräumiger« als die Gewalt. Und die
Gewalt wird zur Macht, wenn sie »sich mehr Zeit läßt«.
Die Macht beruht, so gesehen, auf einem Mehr von
Raum und Zeit. Beim Katz-und-Maus-Spiel hat aber
der Raum nur die Enge eines Vorraumes zum Tod. Die
Todeszelle ist zwar geräumiger als das Maul. Aber der

26 Ebd., S. 323.

mit Angst erfüllte Raum der Macht ist kein positiver
Handlungsraum. Damit wirklich »etwas Neues« entstehen kann, muß jenes »Spielen« mehr sein als ein Vor-
spiel zur Tötung. Es muß einen wirklichen *Spiel-Raum*
voraussetzen, der strategische Möglichkeiten zuließe.
Die Macht setzt auch einen Zeitraum voraus, der mehr
ist als das *Noch-nicht* des tödlichen Zugriffes. Todes-
versessen vergißt Canetti offenbar, daß die Macht nicht
einfach nur tötet, sondern vor allem *leben läßt*. In seiner Fixierung auf die Negativität der Macht erkennt
Canetti nicht, daß die Macht die Handlung, die Freiheit
nicht ausschließt, daß sie in einem ganz anderen Sinne
zeit- und raumgebend ist. Der Zeit-Raum des *Könnens*
oder der Freiheit mag letzten Endes eine Illusion sein.
Aber die Macht setzt ihn voraus, selbst in der Form eines *Scheins*.

Semantik der Macht

Sinn und Bez. (handwritten)

Im Gegensatz zur nackten Gewalt kann sich die Macht mit *Sinn* verbinden. Vermittels ihres semantischen Potentials schreibt sie sich einem Verstehenshorizont ein. Was bedeutet aber *Sinn*? Was heißt, daß etwas einen Sinn hat? Stünden A, B und C nur zufällig nebeneinander, so ergibt diese Nachbarschaft keinen Sinn. Der Sinn entsteht erst, wenn die Kontingenz oder die bloße Kontiguität, d. h. das zufällige Nebeneinander, durch eine bestimmte *Figur* strukturiert wird. A, B und C nehmen nur dann an einem Sinn teil, wenn sie auf irgendeine Art und Weise aufeinander bezogen, d. h. wenn sie in ein Gebilde, in einen Zusammenhang, in ein sie aufeinander beziehendes *Bezugskontinuum* eingespannt werden. A, B und C werden sinnlos, wenn das sie zusammenhaltende Gebilde ganz zerfällt. Auch ein Wort erleidet, wird es jeder Verweisung entleert, einen totalen Sinnverlust. Die Sprache ist selbst ein Verweisungsgefüge, dem ein Wort oder ein Satz seinen Sinn verdankt. Auch ein Werkzeug erhält seinen Sinn erst aus einem Wozu, nämlich aus dem Zweck- und Funktionszusammenhang. Der Sinn ist also ein Phänomen der Beziehung und des Beziehens. Etwas wird erst dann bedeutsam oder sinnvoll, wenn es über sich hinaus in ein Beziehungsnetz, in ein Sinnkontinuum oder in einen Sinnhorizont gestellt wird, der der verstehenden Zuwendung zu einem Gegenstand oder Ereignis vorausgeht, ohne jedoch *als solcher* in den Blick zu kommen. Der Sinnhorizont, der die sinnverstehende, d. h. thematisierende Intentionalität steuert, muß nicht

selbst thematisch sein. Die Macht wird sich also einem
Sinnhorizont einschreiben oder gar einen Sinnhorizont
bilden müssen, um den Verstehens- und Handlungs-
prozeß effektiv steuern zu können. Sie gewinnt nur
dann an Stabilität, wenn sie im Lichte des Sinns oder
des *Sinnvollen* erscheint. Darin unterscheidet sie sich
von der Gewalt, die deshalb nackt wirkt, weil sie jeden
Sinnes entkleidet ist. Eine nackte Macht gibt es dagegen
nicht.   *Sinn → Macht vs. Gewalt*

Nietzsche hat gewiß als erster den komplexen Zusammenhang zwischen Macht und Sinnerzeugung eindringlich formuliert. Schon auf einer sehr elementaren,
ja somatischen Ebene verbindet er den Sinn mit der
Macht. Sinn *ist* Macht. »Sich mittheilen«, ist »ursprünglich«, so Nietzsche, »seine Gewalt über den
Anderen ausdehnen«[1]. So ist das Zeichen »das (oft
schmerzhafte) Einprägen eines Willens auf einen anderen Willen«. Die erste Sprache wäre die Körpersprache
der Verletzung, die das »Aneignen-wollen« unmittelbar kundgibt. Auch der Be-*griff* ginge auf diesen ge-
waltsamen Griff und Zugriff zurück. Der Mächtige gibt

Vielecht

---

1 Friedrich Nietzsche, *Nachgelassene Fragmente 1882–1884*, in: F. N.,
Sämtliche Werke. Kritische Studienausgabe, hrsg. von Giorgio Colli
und Mazzino Montinari, Bd. 10, München / Berlin / New York
²1988, S. 298 (KSA). Es handelt sich um eine jener Stellen, die Nietzsches Rhetorik der Zuspitzung besonders anschaulich machen. Die
bekannte Geschichte des Lagerbewohners »Muselmann« macht jedoch auf eine erschreckende Weise eine auf den *reinen*, ja *absoluten*
Befehl reduzierte Sprache vorstellbar. Der »Muselmann« habe, so
wird erzählt, nicht zwischen der beißenden Kälte und dem Befehl
des Lageraufsehers unterscheiden können. Das Wort des Anderen
wird hier tatsächlich als ein Stachel oder als ein schmerzender Biß
körperlich empfunden. Diese Nähe zwischen dem physischen
Schmerz und dem Wort verweist eindringlich auf die *Möglichkeit* der
Sprache der Verletzung.

sich zu verstehen durch Verletzungen und schmerzhafte »Stöße«. So sind »Verletzungen des Anderen« die »Zeichensprache des Stärkeren«. Nach dieser allerdings *vermittlungsarmen* Semiotik der Macht wären Zeichen ursprünglich Wunden. Empfangen und Verstehen dieser besonderen Zeichensprache erfolgt als »Leidempfindung und Anerkennen einer fremden Macht«, die auf die »Eroberung des Andern« aus ist. Schnelles Verstehen dient dem Zweck, »möglichst wenig Püffe zu bekommen«. Mitteilungen sind Stacheln. Ihr Sinn ist die Herrschaft. Verstehen ist Gehorchen. Nietzsche hätte womöglich behauptet, daß der Konjugation, der Beugung, ursprünglich die Absicht zugrunde läge, den Anderen, dessen Willen zu *beugen*.

Die Namengebung faßt Nietzsche als ein Herrenrecht auf. Die Herrschenden »siegeln jegliches Ding und Geschehen mit einem Laute ab und nehmen es dadurch gleichsam in Besitz«.[2] Der Ursprung der Sprache ist die »Machtäusserung der Herrschenden«. Die Sprachen sind die »Nachklänge der ältesten Besitzergreifungen der Dinge«. In jedem Wort hört Nietzsche also den »Befehl«: So soll das Ding nunmehr heißen![3] Die Namengebung ist gleichzeitig eine Sinngebung. Macht stiftet Sinn. »So soll es sein!« ist der Ausspruch der »eigentlichen Philosophen«, die »Befehlende und Gesetzgeber« sind.[4] Jedes Wort ist ein Macht-Wort. Die Machthaber bestimmen erst den Sinn, den Sinnhorizont, d. h. »das Wohin? und Wozu?«

2 Nietzsche, *Zur Genealogie der Moral*, KSA 5, S. 260.
3 Vgl. Nietzsche, *Nachgelassene Fragmente 1885–1887*, KSA 12, S. 142.
4 Nietzsche, *Jenseits von Gut und Böse*, KSA 5, S. 145.

Sinn(Kon-
tinuum
bei N.

der Dinge. Sie stiften ein *Sinnkontinuum*, aus dem heraus die Dinge gedeutet werden. Für den Machthaber wäre dieses Sinnkontinuum gleichzeitig ein *Kontinuum des Selbst*, in dem er *sich selbst* erblickte.

Der Sinn ist Nietzsche zufolge kein zu nichts gedrängtes Es-ist-so, kein So-sein der Welt und der Dinge, das in einer interesselosen Anschauung nur zu entdecken wäre. Beruhte der Sinn auf dem So-sein und nicht auf dem Besitz oder der Herrschaft, so wäre der Namensgeber kein Machthaber, sondern ein Sehender oder Hörender. Nietzsches Monismus der Macht nimmt den Dingen jedes So-sein. Der fehlende Wille zur Macht führte zu einer Sinnleere. Der Sinn ist also keine Gabe, die man nur zu empfangen hätte, auch kein *Ereignis*, das abseits der Macht *geschähe*, sondern eine Art Beute. Erst die Macht läßt die Dinge an *Sinn* teilhaben. Die Macht ist auch in dieser Sicht alles andere als ein stummer, *sinnloser* Zwang. Sie ist *beredt*. Sie artikuliert die Welt, indem sie die Dinge nennt und deren Wohin und Wozu bestimmt.

Macht stiftet *Bedeutsamkeit*, indem sie einen Sinnhorizont bildet, auf den hin die Dinge interpretiert werden. Erst *im Hinblick auf* die Macht werden sie *bedeutend*, erhalten einen Sinn. Der Bezug zur Macht ist konstitutiv für den Sinn. So gibt es keinen Sinn-an-sich: »Ist nicht nothwendig Sinn eben Beziehungs-sinn und Perspektive? Aller Sinn ist Wille zur Macht (alle Beziehungs-Sinne lassen sich in ihn auflösen).«[5] Auch die Wahrheit ist liiert mit der Macht. Sie ist ein Entwurf oder ein Konstrukt, das dem Willen zur Macht ent-

5 Nietzsche, *Nachgelassene Fragmente 1885–1887*, KSA 12, S. 97.

springt. Dieser verhilft »einer bestimmten Art von Un-
wahrheit zum Siege und zur Dauer«.[6]

Alle Sinngebilde sind »perspektive Schätzungen«,
»vermöge deren wir uns im Leben, das heißt im Willen
zur Macht, zum Wachsthum der Macht erhalten«.[7] Alle
Zwecke und Ziele sind nur »Ausdrucksweisen und Me-
tamorphosen des Einen Willens«, nämlich des Willens
zur Macht.[8] Sinngeschehen ist Machtgeschehen. Es bedeutet, daß »ein Wille zur Macht über etwas weniger
Mächtiges Herr geworden ist und ihm von sich aus den
Sinn einer Funktion aufgeprägt hat«. So ist auch die
Geschichte des »Dinges« eine Geschichte der Macht,
eine »fortgesetzte Zeichen-Kette von immer neuen In-
terpretationen«.[9] Ein »wachsen-wollendes Etwas« »in-
terpretirt« »jedes andere wachsen-wollende Etwas« auf
dessen Wert hin, der hinsichtlich eigener Machtsteige-
rung relevant ist, nämlich auf seinen *Sinn* hin. So liegt
dem »Interpretiren« die Intention zugrunde, »Herr
über etwas zu werden«.[10]

Nietzsches Theorie der Macht trägt gewiß Züge einer
Polemologie. Sie ist aber gleichzeitig eine Poetologie
der Macht. Die Macht ist nämlich »dichterisch«.[11] Sie
bringt immer neue Formen, neue Perspektiven hervor.
So ist sie auf keine despotische Herrschaft angelegt, die
eine Perspektive absolut setzte. Der Poetologie der
Macht wohnt eine andere Intentionalität inne. Der Architekt steht, so Nietzsche, »stets unter der Suggestion

6 Nietzsche, *Nachgelassene Fragmente 1884–1885*, KSA 11, S. 699.
7 Nietzsche, *Nachgelassene Fragmente 1885–1887*, KSA 12, S. 114.
8 Nietzsche, *Nachgelassene Fragmente 1887–1889*, KSA 13, S. 44.
9 Nietzsche, *Zur Genealogie der Moral*, KSA 5, S. 314.
10 Nietzsche, *Nachgelassene Fragmente 1885–1887*, KSA 12, S. 140.
11 Nietzsche, *Nachgelassene Fragmente 1880–1882*, KSA 9, S. 637.

der Macht«. Die mächtigsten Menschen hätten immer die Architekten inspiriert. Die Architektur ist »eine Art Macht-Beredtsamkeit in Formen«.[12] Die Macht ist formschaffend, manifestiert sich in Formen. Sie ist also alles andere als hemmend oder unterdrückend. Indem der Architekt den Raum gestaltet, bringt er ein *Formkontinuum* hervor, in dem er bei *sich selbst* ist. Er entwirft *sich*, indem er den Raum entwirft. Die Macht läßt ihn, sein *Selbst* gleichsam *räumlich werden und räumlich wachsen*. Sie bringt die *Extension* des schaffenden Leibes in die Welt zustande.

Die *Extension kann* gewiß gewaltsame Züge tragen. Aber sie ist *als solche* keine Gewalt. Entsprechend *kann* von der Macht eine repressive Wirkung ausgehen. Aber sie *beruht* nicht auf ihr. So ist die Macht nicht, wie es in dem berühmten Ausspruch Jacob Burckhardts heißt, »an sich böse«.[13] Die Dämonisierung der Macht macht blind vor allem für deren semantische Wirkung, die

---

12 Nietzsche, *Götzen-Dämmerung*, KSA 6, S. 118.

13 In seinen *Weltgeschichtlichen Betrachtungen* (Stuttgart 1978, S. 97) schreibt Burckhardt: »Und nun ist die Macht an sich böse, gleichviel wer sie ausübe. Sie ist kein Beharren, sondern eine Gier und eo ipso unerfüllbar, daher in sich unglücklich und muß also andere unglücklich machen.« Carl Schmitt bemerkt, daß die Machthaber, bei denen sich nach Burckhardt das böse Gesicht der Macht zeige, allesamt moderne Machthaber seien, daß sich die These der bösen Macht erst seit dem 19. Jahrhundert verbreitet habe. So vermutet er, daß diese Verurteilung der Macht auf die Vermenschlichung der Macht zurückzuführen sei. Vgl. C. Sch., *Gespräche über die Macht und den Zugang zum Machthaber. Gespräch über den Neuen Raum*, Berlin 1994, S. 25 f. Die Enttheologisierung oder Säkularisierung der Macht nimmt dieser den Nimbus des Göttlichen oder einer göttlichen Legitimation. Dieser historische Kontext verleiht Nietzsches Philosophie des »Willens zur Macht« eine besondere Bedeutung. Nietzsche gibt der Macht gleichsam ihre Würde zurück, indem er sie zu einem universalen Prinzip erhebt. Von der geweih-

nach Nietzsche die nackte Stimme erst in eine *Sprache*
verwandelt, d. h. mit Sinn verwebt. Das Problem des
Nietzscheschen Monismus der Macht besteht eher
darin, daß er alles Sinngeschehen als ein Machtgeschehen interpretiert.

In seiner Machtanalyse verweist auch Foucault auf
die »Tendenz, die Macht nur in der negativen und
fleischlosen Form des Verbotes zur Kenntnis zu nehmen«.[14] Gerade diese allgemeine Tendenz verengt auch
die Sicht auf Foucaults Theorie der Macht. Es wird z. B.
behauptet, die Geschichte der Macht sei für Foucault
eine »Geschichte des Verlustes«.[15] Foucault stellt dagegen kritisch fest: »Macht ist im wesentlichen, was unter-

ten »Erde« erhält sie die göttliche Weite zurück. Der frühe Nietzsche dagegen verfügte noch über keinen positiven Machtbegriff. So
folgt er Burckhardts These der bösen Macht, aber nur formal, denn
schon hier baut Nietzsche die Macht, die »an sich böse« ist, in den
Entstehungsprozeß der Kunst und Kultur ein. Sie ist nämlich ein
notwendiges Übel. Sie gleicht jenem »Geier, der dem promethei-
schen Förderer der Kultur an der Leber nagt«. Kunst und Kultur
blühen also auf einem »erschrecklichen Grunde«. Nach dieser
Theorie der Kultur ist die Macht zwar nicht direkt oder positiv an
der Bildung der Kultur und Kunst beteiligt. Aber sie ist gleichsam
ihr negatives Ferment. Vgl. Nietzsche, *Nachgelassene Schriften
1870–1873*, KSA 1, S. 767.

14 Foucault, *Der Wille zum Wissen*, S. 106.

15 Vgl. Hinrich Fink-Eitel, *Foucault zur Einführung*, Hamburg 1989,
S. 115. Die Macht, die bei Foucault thematisch wird, nimmt auch
Agamben nur in der negativen Form zur Kenntnis. Der Macht
nimmt er wieder die Positivität, auf die Foucault in seinen Machtanalysen immer wieder hinweist. So läßt er jene »Bio-Macht«, deren Intentionalität Foucault zufolge nicht die Drohung mit dem
Tod, sondern Verwaltung und Organisation des Lebens ist, mit jener Gewalt koinzidieren, die ein »absolut tötbares Leben«, ein jeder
rechtlichen Vermittlung bares, *nacktes* Leben, nämlich *homo sacer*,
entstehen läßt (vgl. Giorgio Agamben, *Homo sacer. Die souveräne
Macht und das nackte Leben*, Frankfurt a. M. 2002, S. 95). Foucault

drückt. Die Macht unterdrückt die Natur, die Instinkte, eine Klasse, die Individuen; und ist im zeitgenössischen Diskurs diese hundertmal wiederholte Definition der Macht als einer unterdrückenden zu finden, so hat sie nicht der zeitgenössische Diskurs erfunden: Hegel hatte es als erster gesagt, dann Freud, dann Reich. Wie dem auch sei: ›Organ der Unterdrückung‹ ist im gegenwärtigen Vokabular die quasi automatische Benennung der Macht.«[16] In Wirklichkeit stellt die Unterdrückung nur *eine* bestimmte, nämlich eine *vermittlungsarme* oder *vermittlungslose* Form der Macht dar. Die Macht aber *beruht* nicht auf der Repression. Immer wieder distanziert sich Foucault von dieser negativen Konzeption der Macht: »Man muß aufhören, die Wirkungen der Macht immer negativ zu beschreiben, als ob sie nur ›ausschließen‹, ›unterdrücken‹, ›verdrängen‹, ›zensieren‹, ›abstrahieren‹, ›maskieren‹, ›verschleiern‹ würde.

interpretiert die »Bio-Macht« dagegen als jenes Geschehen, das das *Leben* durch Norm und Normalisierung steuert, d. h. *auch* strukturiert und mit Sinn *bekleidet*. Sie ist nicht auf Ausschluß oder Bann, sondern auf Verwaltung und Organisation hin angelegt. Auch Axel Honneth, der die Macht weitgehend auf den Klassenkampf hin zur Kenntnis nimmt, bleibt die Positivität oder Produktivität der Macht verschlossen. Das ist auch der Grund dafür, daß er in seinen Ausführungen zu Habermas seltsamerweise dessen Theorie der »kommunikativen Macht« *nicht* thematisiert. Die »kommunikative Macht« ist insofern positiv, als sie das Zusammenhandeln, den gemeinsamen Handlungsentwurf trägt. Vgl. Axel Honneth, *Kritik der Macht. Reflexionsstufen einer kritischen Gesellschaftstheorie*, Frankfurt a. M. 1985.

16 Michel Foucault, *Dispositive der Macht. Über Sexualität, Wissen und Wahrheit*, Berlin 1978, S. 71. In gewisser Hinsicht ist Foucault selbst ein Opfer dieses Vorurteils. Für Hegel ist die Macht alles andere als die Unterdrückung. Er hat als erster den Begriff »freie Macht« geprägt. Das Besondere der Hegelschen Theorie der Macht ist gerade die Engführung von Macht und Freiheit.

In Wirklichkeit ist die Macht produktiv; und sie produziert Wirkliches.«[17] Sie ist »dazu bestimmt, Kräfte hervorzubringen, wachsen zu lassen und zu ordnen, anstatt sie zu hemmen, zu beugen oder zu vernichten«.[18] Zu dem Zusammenhang zwischen Körper und Macht schreibt Foucault: »Der Grund dafür, daß die Macht herrscht, daß man sie akzeptiert, liegt ganz einfach darin, daß sie nicht nur als neinsagende Gewalt auf uns lastet, sondern in Wirklichkeit die Körper durchdringt, Dinge produziert, Lust verursacht, Wissen hervorbringt, Diskurse produziert; man muß sie als ein produktives Netz auffassen, das den ganzen sozialen Körper überzieht und nicht so sehr als negative Instanz, deren Funktion in der Unterdrückung besteht.«[19]

Foucaults Hinweise zur Produktivität der Macht werden selten zur Kenntnis genommen.[20] Dazu hat Foucault insofern selbst beigetragen, als er sich in seiner Machtanalyse einseitig an den Zwangspraktiken

17 Michel Foucault, *Überwachen und Strafen. Die Geburt des Gefängnisses*, Frankfurt a. M. 1976, S. 250.

18 Foucault, *Der Wille zum Wissen*, S. 185.

19 Foucault, *Dispositive der Macht*, S. 35.

20 Auch in den feministischen Diskussionen wird die Macht häufig als Gewalt und Unterdrückung definiert. Ihr wird dann abstrakt ein Jenseits der Macht entgegengehalten. Vgl. z. B. Marilyn French: *Jenseits der Macht. Frauen, Männer und Moral*, übers. von Cornelia Holfelder-von der Tann, Reinbek 1985, S. 807: »Macht und Kontrolle sind fast synonym in ihrer Bedeutung. [...] Die beiden Begriffe verhalten sich jedoch wie zwei Seiten einer Medaille. ›Macht‹ suggeriert etwas Gewaltiges und nach außen Gerichtetes, eine eiserne Faust. ›Kontrolle‹ dagegen läßt einen an Straffheit, an ein ausgeklügeltes Instrumentarium denken; stellt man sie sich als Bewegung vor, so erzeugt sie Druck nach innen – also Repression, Verdrängung, Unterdrückung und Bedrückung.«

oder am Paradigma des Kampfes orientiert hat. Die
Macht hätte er auf ihr semantisches Potential hin analy-
sieren müssen, damit sie in ihrer Positivität und Produktivität erscheint. Noch in *Wahnsinn und Gesellschaft*
verfügte Foucault, wie er selbst eingesteht, nur über eine
»rein negative Konzeption der Macht«.[21] Er ist offenbar
erst später auf jene Mechanismen der Macht aufmerksam geworden, die produktiv wirken, ja *Wirkliches* hervorbringen. Er mißtraut nun einer ›Natur‹ oder einem
›Wesen‹, das von bestimmten Zwangs- oder Machtmechanismen nachträglich entstellt oder entfremdet wäre,
das es nur zu befreien oder in seiner Reinheit wiederher-
zustellen gälte. Sie sind alle bereits Wirkungen der
Macht. Darin besteht Foucaults Monismus der Macht:
»Der Mensch, von dem man uns spricht und zu dessen
Befreiung man einlädt, ist bereits in sich das Resultat einer Unterwerfung, die viel tiefer ist als er. Eine ›Seele‹
wohnt in ihm und schafft ihm eine Existenz, die selber
ein Stück der Herrschaft ist, welche die Macht über den
Körper ausübt. Die Seele: Effekt und Instrument einer
politischen Anatomie.«[22] Foucault befreit die Macht
zwar aus der Enge des Verbotes oder des Zwanges. Aber
sein Monismus der Macht beschneidet das Soziale.
Nicht nur die Macht generiert den sozialen *Sinn*.[23]

---

21 Foucault, *Dispositive der Macht*, S. 105.
22 Foucault, *Überwachen und Strafen*, S. 42.
23 Die *Seele* ist mehr als ein »Effekt und Instrument einer politischen
   Anatomie«. Foucault wäre jene »Beseelung« (*animation, psychisme*
   oder *inspiration*) verschlossen, mit der die Lévinas eine ganz andere
   Unterwerfung bezeichnet, nämlich die »Ausgesetztheit auf den Anderen hin, Passivität des Für-den-Anderen«, die eine Gegenfigur
   der Aktivität der Macht oder der Herrschaft wäre (vgl. Emmanuel
   Lévinas, *Jenseits des Seins oder anders als Sein geschieht*, Freiburg/
   München 1992, S. 162).

Auch hinsichtlich der Sexualität stellt Foucault die Repressionsthese in Frage. Die Sexualität ist keine Triebkraft, der die Macht immer ein *Nein* entgegenzusetzen hätte. Statt einen aseptischen Zustand herzustellen, vermehrt sie Keime der Lust. Die Macht bringt die Sexualität nicht einfach zum Schweigen. Vielmehr entwickelt sie einen »diskursiven Erethismus«.[24] Sie macht den Körper *beredt*. Bohrende Fragen erwecken neue Lustempfindungen. Kontrollierende Blicke fixieren und intensivieren sie. Das »Dispositiv der Sexualität« äußert sich also nicht als Gesetz des Verbotes, sondern als »Anreiz- und Vermehrungsmechanismus«.[25] So führt die Macht nicht zu weniger, sondern zu mehr Lust. Überwachungsverhältnisse schlagen in Induktionskontakte um, die die Oberfläche der Haut elektrisieren. Die Macht formt einen sexuellen Körper, der unentwegt *spricht* und *bedeutet*. So ist die Semantik der sexuellen Lust vielfach mit der Semantik der Macht verknüpft. Der Körper ist nie nackt. Er ist vielmehr durchsetzt mit Bedeutungen, die Foucault zufolge Wirkungen der Macht sind.

Die juridische Form der Macht, die Verbote ausspricht, erfaßt nicht den »Doppeleffekt« der Macht: »Die Macht funktioniert als eine Sirene, die die Fremdheiten, über denen sie wacht, heranlockt und zum Appell ruft. Die Lust verstreut sich über eben die Macht, von der sie gehetzt wird; die Macht verankert die Lust, die sie aufgescheucht hat.«[26] Foucault wird allerdings der Möglichkeit nicht gewahr, daß die Macht nicht

24 Foucault, *Der Wille zum Wissen*, S. 46.
25 Ebd., S. 62.
26 Ebd., S. 60.

nur gegen ihre eigentliche Intention Lust erweckt, sondern auch gerade *über die Lust wirkt*. In diesem Fall wird die Lust vom Verbot nicht einfach mitverursacht. Vielmehr erzeugt die Macht eigens Lust, um erst zu *wirken*.

Das juridische Machtschema, nämlich die Untersagung der gesetzgebenden Macht auf der einen und das gehorchende Subjekt auf der anderen Seite, vermag Foucault zufolge den »strategischen Reichtum und die Positivität der Macht« nicht zu beschreiben.[27] Foucault macht auf eine Machtform aufmerksam, die nicht in Begriffen von Gesetz, Verbot oder Untersagung faßbar ist, die nicht hemmend oder reduzierend, sondern hervorbringend wirkt. Sie »wirkt in der ganzen Dicke und auf der ganzen Oberfläche des sozialen Feldes gemäß einem System von Relais, Konnexionen, Transmissionen, Distributionen etc.«.[28] Sie tritt als eine »Vielfältigkeit von Kraftverhältnissen« auf, »die ein Gebiet bevölkern und organisieren«.[29] Statt bloß Blockaden zu errichten oder zu zerstören, stellt die Macht ein Beziehungssystem, ein Kommunikationsnetz her, das mit Zeichen und Bedeutungen durchsetzt ist.

In *Überwachen und Strafen* spricht Foucault von »drei Technologien der Macht«.[30] Diese lassen sich auf ihre semantische Wirkung hin beschreiben. Zunächst thematisiert Foucault die Souveränitätsmacht. Als Macht des Schwertes strahlt sie von oben nach unten

27 Foucault, *Überwachen und Strafen*, S. 106.
28 Michel Foucault, *Mikrophysik der Macht. Über Strafjustiz, Psychiatrie und Medizin*, Berlin 1976, S. 114.
29 Foucault, *Der Wille zum Wissen*, S. 113.
30 Foucault, *Überwachen und Strafen*, S. 170.

aus. Und sie manifestiert sich massiv, nimmt die Gestalt einer Rache oder die von Kampf und Sieg an. Der Verbrecher ist ein Feind, den es zu besiegen gilt. Sie hat insofern einen geringen Differenzierungs- und Vermittlungsgrad, als ihre Sprache auf die einfache »*Symbolik des Blutes*« beschränkt ist: »Gesellschaft des Blutes oder richtiger des ›Geblütes‹: im Ruhm des Krieges und in der Angst vor dem Hunger, im Triumph des Todes, in der Souveränität des Schwertes, der Scharfrichter und der Martern spricht die Macht *durch* das Blut hindurch, das eine *Realität mit Symbolfunktion* ist.«[31] Das Blut *bedeutet*. Auch der Körper des Gemarterten wirkt zeichenhaft. Er ist ein »Mal«, ein Mahnmal, das *bedeutet*. Die Macht des Souveräns *spricht* durch den zerstückelten Körper oder durch die Narben, die die Marter am Körper hinterläßt. Sie »gräbt um den Körper, oder besser noch: am Körper des Verurteilten *Zeichen* ein, die nicht verlöschen dürfen«.[32] Und Folter und Marter vollziehen sich als ein Ritual, als eine *Inszenierung*, die mit Zeichen und Symbolen arbeitet.

Die zweite Technologie der Macht, die Macht des Bürgerlichen Gesetzbuches, bedient sich eigens eines Zeichensystems: »[...] es geht um den Geist oder vielmehr um ein Spiel von Vorstellungen und Zeichen, die diskret, aber mit zwingender Gewißheit im Geiste aller zirkulieren.«[33] Die Macht wirkt, indem sie Zeichen und Vorstellungen zirkulieren läßt. Eingesetzt wird nicht das Schwert, sondern der Griffel, der das Gesetz pro-

---

31 Foucault, *Der Wille zum Wissen*, S. 175 f.
32 Foucault, *Überwachen und Strafen*, S. 47 (Hervorhebung von B.-Ch. H.).
33 Ebd., S. 129.

duziert. So äußert sich die Macht nicht als zwingende Gewalt, sondern als »zwingende Gewißheit«. Sie will nicht durch Terror, sondern durch Vernunft wirken. Der Griffel stellt die Macht auf einen stabileren Boden als das Schwert. Foucault zitiert einen Zeitgenossen von Kant namens Servan: »›Geist‹ als Schrifttafel in der Hand der Macht, mit der Semiologie als Griffel; die Unterwerfung der Körper durch die Kontrolle der Ideen; die Analyse der Vorstellungen als Prinzip einer Politik der Körper, die wirksamer ist als die rituelle Anatomie der Martern. [...] Wenn ihr so die Kette der Ideen in den Köpfen eurer Mitbürger gespannt habt, könnt ihr euch rühmen, sie zu führen und ihre Herren zu sein. Ein schwachsinniger Despot kann Sklaven mit eisernen Ketten zwingen; ein wahrer Politiker jedoch bindet sie viel fester durch die Kette ihrer eigenen Ideen; deren erstes Ende macht er an der unveränderlichen Ordnung der Vernunft fest.«[34] Diese Macht ist stabiler als die Souveränitätsmacht, weil sie nicht von außen, sondern von innen her, d. h. ohne den äußeren Zwang wirkt. Sie läßt Freiheit und Unterwerfung koinzidieren.

Die Macht des Griffels bzw. des Geistes äußert sich nicht eruptiv. Sie verdankt ihre stille Effizienz den mo-

---

34 Ebd., S. 131. So greifen alle Pädagogen und Dichter zu diesem Griffel, werden Moralisten oder Missionare der ›ewigen Vernunft‹: »Jeder Bürger wird die schrecklichen Bilder und die heilsamen Ideen, von denen er ganz erfüllt ist, in seiner Familie verbreiten. Er wird seinen um ihn versammelten und begierig zuhörenden Kindern mit glühendem Herzen Geschichten erzählen, damit diese ihrem jungen Gedächtnis die Idee von Verbrechen und Strafe, die Liebe zu den Gesetzen und zum Vaterland, die Achtung und das Vertrauen gegenüber den Behörden unauslöschlich einprägen« (ebd., S. 145).

ralischen Vorstellungen oder der Achtung vor dem Gesetz. Der Geist setzt nicht auf die rohe Gewalt, sondern auf die *Vermittlung*. Die Macht wirkt hier nicht unberechenbar, unregelmäßig oder eruptiv wie die Macht des Schwertes, sondern kontinuierlich, indem sie ein *Kontinuum* von Ideen und Vorstellungen bildet, das eine Gesellschaft durchdringt. Die Macht des Geistes ist die des Gesetzes, das als ein »Signifikantensystem«[35] in Umlauf gebracht und immer wieder aktualisiert wird etwa durch eine »sichtbare, eine geschwätzige Strafe, die alles sagt, die erklärt, sich rechtfertigt, überzeugt«.[36] Eingesetzt werden zur »rituellen Recodierung«[37] Schrifttafeln, Plakate, Symbole und Texte, die die Macht zirkulieren läßt auf dem »Jahrmarktsfest des Bürgerlichen Gesetzbuches«.[38] Die Bestrafung inszeniert hier nicht mehr die Macht des Souveräns. Sie ist vielmehr eine »Lektion«, die der Aktualisierung des Signifikantensystems dient. Die Macht, die sich auf dem Jahrmarktsfest des Bürgerlichen Gesetzbuches wortreich und zeichenhaft präsentiert, die sich durch Kindergeschichten dem jungen Gedächtnis einschreibt, setzt auf *Vermittlung* im Gegensatz zur Souveränitätsmacht, die jäh und *unvermittelt* wirkt.

Der Raum der Macht ist nicht erst in der Zeit des Bürgerlichen Gesetzbuches ein sinnerfüllter Raum. Schon der mittelalterliche Einzug des Königs, bei dem der Bund, auf dem die Macht beruht, rituell bestätigt wird, war ein Fest des Zeichens. Es läßt die Macht *sinn-*

---

35 Foucault, *Überwachen und Strafen*, S. 166.
36 Ebd., S. 145.
37 Ebd., S. 143.
38 Ebd., S. 396.

voll erscheinen. Die Macht wirkt über den *Schein* des
Sinnvollen. Im Gegensatz zu dieser symbolischen Er-
neuerung des Bundes ist jenes »Fest der Martern« mit
seinem »Arsenal des Schreckens« sehr arm an Sinn und
Vermittlung. Aber trotz unterschiedlicher Vermittlungsstruktur stiften beide Machtformen ein *Kontinuum*.

Die Disziplinarmacht als dritte Technologie der
Macht dringt tiefer ins Subjekt ein als Wunden oder
Vorstellungen. Sie dringt gleichsam ins Körperinnere
ein, hinterläßt dort »Spuren«, erzeugt dadurch *Automatismen der Gewohnheit*. Sie soll genauso diskret und
subtil wirken wie die Macht des Gesetzbuches, aber
unmittelbarer, nämlich ohne den Umweg über Vorstellungen. Die Disziplinarmacht setzt eher auf Reflexe als
auf Reflexionen. Foucault führt die Geburt des Gefängnisses auf diese Disziplinarmacht zurück. Hier
wird nicht die Wiederherstellung des Rechtssubjekts,
sondern die »Formierung eines Gehorsamssubjekts«
angestrebt, und zwar kraft einer »Dressur des Verhal-
tens durch die vollständige Zeitplanung, die Aneignung
von Gewohnheiten, das Einzwängen des Körpers«,[39]
kraft einer »konzertierten Orthopädie«,[40] die »die Zeit,
den Raum, die Bewegungen bis ins kleinste codiert«.[41]
Da sie Automatismen der Gewohnheit installiert, kann
sie, so Foucault, »ihren Aufwand von früher aufgeben«.[42] Sie gibt sich als *Alltäglichkeit* aus.

Die Disziplinarmacht hat eine differenzierte *Sprache*.

39 Ebd., S. 167.
40 Ebd., S. 169.
41 Ebd., S. 175.
42 Foucault, *Mikrophysik der Macht*, S. 123.

Sie will eher in Fleisch und Blut übergehen als verletzen. Sie arbeitet mit Normen oder Normalitäten statt mit Schwert. Auch der Disziplinarmacht schreibt Foucault eine Positivität, eine Produktivität zu. Sie formt und strukturiert den Körper, bringt neue Bewegungen, Gesten und Haltungen hervor, die auf einen bestimmten Zweck ausgerichtet sind. Sie macht aus einem »formlosen Teig« eine »Maschine«: »Schritt für Schritt hat man die Haltungen zurechtgerichtet, bis ein kalkulierter Zwang jeden Körperteil durchzieht und bemeistert, den gesamten Körper zusammenhält und verfügbar macht und sich insgeheim bis in die Automatik der Gewohnheiten durchsetzt.«[43] Angesichts der formgebenden Wirkung der Macht wäre jene Machtkritik *abstrakt*, der eine totale Befreiung des Körpers von der Machtbeziehung vorschwebt. Trotz der Zwänge, die mit der Disziplinarmacht verknüpft sind, geht von dieser eine produktive Wirkung aus.

Foucault vermutet eine geheime Korrelation zwischen dem form- und nutzbaren Körper auf dem technisch-politischen Register und der *Homme-machine* von La Mettrie auf dem anatomisch-metaphysischen Register. Der Glaube an die »Gelehrigkeit« bildet das Relais, das den analysierbaren Körper mit dem manipulierbaren Körper verknüpft. Die Disziplinarmacht produziert nicht nur unterworfene, fügsame, gelehrige Körper, sondern unterhält Beziehungen zu der Produktion von Diskursen. Sie bringt also auch Wissen hervor. So kommuniziert die *Homme-machine* als philosophisch-metaphysischer Diskurs mit der Diszipli-

43 Foucault, *Überwachen und Strafen*, S. 173.

narmacht. Foucault fordert, jener Denktradition zu
entsagen, die von der Vorstellung geleitet ist, »daß es
Wissen nur dort geben kann, wo die Machtverhältnisse
suspendiert sind, daß das Wissen sich nur außerhalb der
Befehle, Anforderungen, Interessen der Macht entfalten kann«,[44] also dem Glauben zu entsagen, »daß die
Macht wahnsinnig macht und daß man nur unter Ver-
zicht auf die Macht ein Wissender werden kann«. Es
gibt also keine Machtbeziehung, die nicht ein Wissens-
feld konstituiert. Und es gibt kein Wissen, das gänzlich
frei von Machtbeziehungen ist.

Foucault bemerkt, daß es in der Disziplinarmacht
nicht um die »Sprache des Körpers« oder um »Zeichen«, sondern allein um die »Ökonomie und Effizienz
der Bewegungen und ihrer inneren Organisation«
gehe.[45] Die Disziplinarmacht läßt sich aber nicht auf
diese kraftökonomischen Wirkungen begrenzen, denn
von ihr wird der Körper nicht nur bearbeitet, sondern
auch *beschrieben*. Sie bemächtigt sich des Körpers, indem sie ihn in ein Bedeutungsnetz einschreibt. Die
»Spuren«, die die Disziplinarmacht am Körper hinterläßt, sind immer *bedeutend*.[46] Sie bewohnen die *Seele*.

Im Gegensatz zur Gewalt funktioniert die Macht
vermittels des Sinns bzw. der *Bedeutsamkeit*. Selbst in

44 Ebd., S. 39.
45 Ebd., S. 175.
46 Foucault weist auf die historische Bedeutsamkeit des Körpers überhaupt hin. Vgl. Foucault, *Überwachen und Strafen*, S. 37: »[...] der
Körper steht auch unmittelbar im Feld des Politischen; die Machtverhältnisse legen ihre Hand auf ihn; sie umkleiden ihn, markieren
ihn, dressieren ihn, martern ihn, zwingen ihn zu Arbeiten, ver-
pflichten ihn zu Zeremonien, verlangen von ihm Zeichen.« Der
Körper wird also von dem jeweiligen Macht- und Herrschaftsver-
hältnis neu beschrieben. Er trägt eine politische *Bedeutsamkeit*.

ihrer gewalttätigen Form ist ihre Wirkung, nämlich die Wunde, ein *Zeichen*, das *bedeutet*. Das Signifikanten-system des Bürgerlichen Gesetzbuches ist ebenfalls ein Sinnkontinuum, das über die Vorstellungen die Handlung steuert. Ihm fehlt allerdings die Wucht und Schwerfälligkeit der Souveränitätsmacht. Auch die Dis-ziplinarmacht webt am »Nexus von Gewohnheiten«,[47] der aus Sinngebilden besteht.

In einer Vorlesung bemerkt Foucault: »Das, wo-durch die Macht im 19. Jahrhundert wirkt, ist die Ge-wohnheit, die bestimmten Gruppen auferlegt wurde. Die Macht kann ihren Aufwand von früher aufgeben. Sie nimmt die hinterlistige, alltägliche Form der Norm an, so verbirgt sie sich als Macht und wird sich als Ge-sellschaft geben.«[48] Die Macht steigert ihre Effizienz und Stabilität, indem sie sich verbirgt, indem sie sich als etwas Alltägliches oder Selbstverständliches ausgibt. Darin besteht die *List der Macht*. Die Macht, die ohne Zwang und Drohung über die »Automatik der Ge-wohnheiten« wirkt, läßt sich jedoch nicht aufs 19. Jahr-hundert beschränken. Sie ist wirksam in jeder Gesell-schaft, die eine gewisse Komplexität aufweist.

Die orthopädische Macht, die Foucault in Gefäng-nissen, Kasernen oder Hospitälern aufspürt, gilt vor allem dem Körper. Weitgehend auf den Körper fixiert, nimmt Foucault jene Macht nicht genug zur Kenntnis, die auf der symbolischen Ebene habitualisierend wirkt. Der Habitus bezeichnet die Gesamtheit von Disposi-

47 Foucault, *Mikrophysik der Macht*, S. 122.
48 Ebd., S. 123. Der Ausdruck »hinterlistig« suggeriert problemati-scherweise einen Akteur oder ein lokalisierbares Subjekt, das eine negative Absicht hegt.

tionen oder Gewohnheiten einer sozialen Gruppe. Er
entsteht durch eine Verinnerlichung der Werte oder
Wahrnehmungsformen, die auf eine bestimmte Herrschaftsordnung hin angelegt sind. Er ermöglicht eine
gleichsam vorreflexive, auch somatisch wirksame An-
passung an die bestehende Herrschaftsordnung, erzeugt eine Automatik der Gewohnheit, in der etwa
die sozial Benachteiligten nach den Verhaltensmustern
handeln, die gerade jene Herrschaftsordnung stabilisieren, die zu ihrer Benachteiligung geführt hat. Der Habitus bewirkt eine vorbewußte Bejahung und Anerkennung der herrschenden Ordnung, die sich auch im
Somatischen wiederholt.[49] Man erlebt die Dinge, zu denen man wegen seiner niedrigen sozialen Stellung gezwungen ist, als *eigene* Wahl. Das Unvermeidliche
wird zu einem »aus freier Wahl geborenen Geschmack
stilisiert«.[50] Es kommt zu einem »*amor fati*, der die
Opfer dazu bringt, sich dem Schicksal, das ihnen ge-
sellschaftlich zubestimmt ist, zu weihen und zu opfern«.[51] Das Schicksal wird als ein freier Entwurf erlebt. Der Beherrschte findet sogar Geschmack an seinem an sich negativen Zustand. So wird die Armut zu
einem selbstgewählten Lebensstil. Zwang oder Unterdrückung wird als Freiheit erlebt. Der Habitus leitet

49 Vgl. Pierre Bourdieu, *Satz und Gegensatz. Über die Verantwortung
   des Intellektuellen*, Berlin 1989, S. 43: »Politischer Gehorsam
   schlägt sich in der Haltung, in den Falten, den Gewohnheiten des
   Körpers wie in den Automatismen des Gehirns nieder.«
50 Pierre Bourdieu, *Die feinen Unterschiede. Kritik der gesellschaftlichen Urteilskraft*, Frankfurt a. M. 1982, S. 290.
51 Pierre Bourdieu, »Die männliche Herrschaft«, in: *Ein alltägliches
   Spiel. Geschlechterkonstruktion in der sozialen Praxis*, hrsg. von
   Irene Dölling und Beate Krais, Frankfurt a. M. 1997, S. 153–217,
   hier: S. 162.

die Handlungen so, daß die herrschenden Machtverhältnisse sich diesseits einer rationalen Begründung auf
eine fast magische Weise reproduzieren. Bourdieus
Theorie des Habitus macht einmal mehr deutlich, daß
die Macht nicht als Zwang auftreten muß. Die Macht
ist vielmehr da am mächtigsten, am stabilsten, wo sie
das Gefühl der Freiheit erzeugt, wo sie keiner Gewalt
bedarf. Die Freiheit mag ein Faktum oder ein Schein
sein. Aber sie wirkt stabilisierend auf die Macht, ist
konstitutiv für diese.

Die Macht, die sich über den Habitus etabliert oder
stabilisiert, arbeitet auf der symbolischen Ebene. Sie erreicht ihre Wirksamkeit »nicht auf der Ebene physischer Stärke, sondern auf der des Sinns und der Erkenntnis«.[52] Sie bedient sich der Zeichen und Sinngebilde. Etabliert werden soll eine bestimmte Weltsicht
oder ein bestimmtes Wertesystem, das die Herrschaft
einer Gruppe legitimiert. Die Machtunterworfenen fügen sich ihr wie einer natürlichen Ordnung. Hier wirkt
die Macht dadurch, daß sie den Verstehens- oder Sinn-

---

52 Bourdieu, *Satz und Gegensatz*, S. 43: »Z. B. ist der Vornehme, das
Lateinische sagt es, ein *nobilis*, ein ›bekannter‹, ›anerkannter‹
Mensch. Sobald man sich freilich dem Physikalismus der Kräftever-
hältnisse entzieht und die symbolischen Beziehungen des Erken-
nens einzuführen sucht, hat man dank der Logik der Zwangsalter-
nativen beste Aussichten, wieder der Tradition der Philosophie des
Subjekts, des Bewußtseins anheimzufallen und sich diese Akte der
Anerkennung wie freie Handlungen der Unterwerfung und des ge-
heimen Einverständnisses vorzustellen. Nun impliziert aber weder
Sinn noch Erkenntnis Bewußtsein [...]. Die sozialen Akteure, dar-
unter auch die Beherrschten, sind der sozialen Welt (wie verab-
scheuenswert und empörend diese auch immer sei) durch eine hin-
genommene Komplizenschaft verbunden, die bewirkt, daß gewisse
Aspekte dieser Welt stets jenseits oder diesseits kritischer Infrage-
stellung bleiben.«

horizont der Beherrschten formt. Sie stiftet ein *Sinn-kontinuum*, in dem die herrschende Schicht *bei sich* bleibt. Es ist also gleichzeitig ein *Kontinuum des Selbst*. Dieses Kontinuum der Macht wirkt nicht über die Verbote, sondern eher über die Selbst-*verständlich*-keiten. Diese Sinnerfahrungen erfolgen meistens vorbewußt. Der soziale Sinn enthält immer eine Dimension der Macht und Herrschaft. In ihm drücken sich diverse Machtinteressen aus. Er ist ja das Sediment der symbolisch operierenden Macht. Die Macht ist nie *nackt*. Sie ist vielmehr *beredt*. Sie setzt sich fest, indem sie Perspektiven oder Deutungsmuster erzeugt, die der Legitimierung und Aufrechterhaltung einer Herrschaftsordnung dienen. Sie sind auch auf der somatischen Ebene wirksam. Als eine »Natur gewordene, in motorische Schemata und automatische Körperreaktionen verwandelte gesellschaftliche Notwendigkeit« sorgt der soziale Sinn dafür, daß die Handlungen »*sinnvoll*, d. h. mit Alltagsverstand ausgestattet« sind. Dieses Verstehen erfolgt jedoch unmittelbar, ja wie Reflexe der Gewohnheit. So wird der Sinn nicht hinterfragt: »Weil die Handelnden nie ganz genau wissen, was sie tun, hat ihr Tun mehr Sinn, als sie selber wissen«.[53]

Die Macht schreibt sich nicht nur dem Habitus ein. Die Nationalisierung einer Masse oder die Bildung einer Nationalkultur, die über Symbole oder Erzählungen erfolgt, stellt ein Sinnkontinuum her, dessen sich die Macht bedient. Die Fragmentarisierung ist der Macht nicht zuträglich. Die Etablierung eines homogenen nationalen Sinngebildes sichert die Loyalität der

53 Pierre Bourdieu, *Sozialer Sinn. Kritik der theoretischen Vernunft*, Frankfurt a. M. 1987, S. 127.

Masse und dadurch die Herrschaft. So hat die allgemeine Semantik der Macht auch hier ihre Gültigkeit.

Wendet man die Theorie des Habitus auf Heideggers Analyse der »Alltäglichkeit« in *Sein und Zeit* an, so läßt sich diese aus einer soziologischen Perspektive reinterpretieren.[54] In seiner Phänomenologie der Alltäglichkeit spricht Heidegger von der »öffentlichen Ausgelegtheit«, die das »durchschnittliche Verstehen«,[55] nämlich die *normale* Wahrnehmung, die *normale* Sicht der Welt bestimmt. Sie beherrscht »alle Welt- und Daseinsauslegung und behält in allem Recht«.[56] So fungiert sie als ein *Sinnkontinuum* oder als ein Sinnhorizont, der darauf einwirkt, daß Dinge und Handlungen *so und nicht anders* verstanden werden. Sie leistet eine bestimmte Sinnselektion oder Sinnsteuerung. Das Subjekt des »durchschnittlichen Verstehens« heißt einfach »Man«. Man sieht, handelt und urteilt, wie *man* sieht, handelt und urteilt: »Das Man, das kein bestimmtes ist und das Alle, obzwar nicht als Summe, sind, schreibt die Seinsart der Alltäglichkeit vor.«[57]

Die »öffentliche Ausgelegtheit« läßt verschiedene Deutungen zu. Sie kann zunächst als jene ›öffentliche Meinung‹ interpretiert werden, die letzten Endes auf gemeinsamen Überzeugungen oder Werten beruht. Sie spiegelt, so gesehen, nicht unbedingt das Machtinteresse der Herrschenden wider. Die »öffentliche Ausgelegtheit« kann aber auch als jene Weltsicht gedeutet

---

54 Obwohl Bourdieu sich mit Heidegger intensiv befaßt hat, ist er nicht auf die Möglichkeit aufmerksam geworden, seine Phänomenologie der Alltäglichkeit machtlogisch zu lesen.

55 Martin Heidegger, *Sein und Zeit*, Tübingen [17]1993, S. 167 f.

56 Ebd., S. 127.

57 Ebd.

werden, die *orientiert*. Sie »entlastet«[58] das Dasein insofern, als dies die Welt nicht selber interpretieren oder
neu erfinden muß. Das Vorfinden einer *gedeuteten*
Welt, ja einer ›Wahrheit‹, die nicht zu hinterfragen
wäre, leistet eine »Seinsentlastung«: »Und weil das
Man mit der Seinsentlastung dem jeweiligen Dasein
ständig entgegenkommt, behält es und verfestigt es
seine hartnäckige Herrschaft.« In beiden Fällen bildet
die »öffentliche Ausgelegtheit« ein Sinnkontinuum, das
Handlungen und Wahrnehmungen steuert. Die Macht
wird gerade diesen semantischen Raum besetzen müssen, um eine hohe Wirksamkeit und Stabilität zu erreichen.

Für Heidegger stellt das Man eine ontologische
Größe dar. Es gehört einfach »*zur positiven Verfassung
des Daseins*«.[59] Die Ontologie des Daseins läßt die
Frage nicht zu, welche Machtinteressen, welche politischen Prozesse oder ökonomische Interessen an der
Bildung des Man, der »öffentlichen Ausgelegtheit« beteiligt sein könnten. Für die Beschreibung des Man verwendet Heidegger jedoch Termini, die machtlogisch
besetzt sind. Die »öffentliche Ausgelegtheit« bezeichnet er z. B. als »Herrschaft«.[60] Sie »wacht«, so Heidegger, »über jede sich vordrängende Ausnahme«. Jede
Abweichung wird »geräuschlos niedergehalten«.[61] Diese Praxis der »Einebnung« wirkt normalisierend, erzeugt ein »durchschnittliches« Sinnkontinuum. Auch
von der »Macht« ist die Rede: »Man selbst gehört zu

58 Ebd.
59 Ebd., S. 129.
60 Ebd., S. 169.
61 Ebd., S. 127.

den Anderen und verfestigt ihre Macht. ›Die Anderen‹, die man so nennt, um die eigene wesenhafte Zugehörigkeit zu ihnen zu verdecken, sind die, die im alltäglichen Miteinandersein zunächst und zumeist ›*da sind*‹. Das Wer ist nicht dieser und nicht jener, nicht man selbst und nicht einige und nicht die Summe Aller. Das ›Wer‹ ist das Neutrum, *das Man*.«[62]

Die »Diktatur«[63] des Man wirkt nicht durch Unterdrückung oder Verbote. Vielmehr nimmt sie die Gestalt des Habituellen an. Sie ist eine *Diktatur der Selbstverständlichkeit*. Die Macht, die über die Gewohnheit wirkt, ist effizienter und stabiler als die Macht, die Befehle ausspricht oder Zwänge ausübt. Ihre Wirksamkeit beruht auf der Immanenz, daß man Man *ist*. Das Man wird vom ›man‹ nicht als ein Zwang erlitten. Jeder *ist* Man. Bourdieus »Habitus« hat eine ähnliche Struktur. Der Zwang wird vermittels einer *Inkorporation* als Freiheit, als Quasi-Natur erlebt.

Liest man Heideggers Ontologie der Alltäglichkeit soziologisch, so läßt sich das Man auf jene symbolische Macht beziehen, die Bourdieu zufolge einen »Alltagsverstand« erzeugt. Sie entfaltet ihre Wirkung dadurch, daß sie sich dem Sinnhorizont der Öffentlichkeit einschreibt und dadurch Normalisierungseffekte, ja *Sinnreflexe* hervorbringt, die keiner *Reflexion* bedürfen. Denkbar wären unterschiedliche Interessenzusammenhänge, historische Prozesse oder Produktionsverhältnisse, die die Bildung des Man beeinflussen würden.

Die Normalisierung des Man findet schon auf der affektiven, ja somatischen Ebene statt. Sie besetzt die

[handwritten marginal note: Wirken d. Macht bei Heidegger]

62 Ebd., S. 126.
63 Ebd.

Schicht der »Befindlichkeit«, der »Stimmung«: »Die
Öffentlichkeit als die Seinsart des Man [...] hat nicht
nur überhaupt ihre Gestimmtheit, sie braucht Stimmung und ›macht‹ sie für sich.«[64] Diese affektive
Schicht des Man verleiht diesem eine besondere Wirksamkeit. Sie wirkt nämlich diesseits des Bewußtseins.

Die normalisierende Macht des Man herrscht nicht
über den alltäglichen Lebenszusammenhang. Sie wirkt
vielmehr *aus ihm heraus*. Ihr *Immanenzcharakter* verschafft ihr eine große Stabilität. Sie wirkt, indem sie die
Sicht selbst bestimmt, indem sie den Alltagsverstand
beschreibt. An die Stelle des Souveräns, der ein beson-
derer *Jemand* wäre, tritt ein »Niemand«: »Das *Man*,
mit dem sich die Frage nach dem *Wer* des alltäglichen
Daseins beantwortet, ist das *Niemand*, dem alles Dasein im Untereinandersein sich je schon ausgeliefert
hat.«[65] Die Macht wird dort gleichsam unverwüstlich,
wo sie als *Niemandes* Macht wahrgenommen, d. h.
nicht *eigens* wahrgenommen wird. Sie wäre dagegen instabil, ja »zerbrechlich«, wenn sie in der Form des Ver-
bots, der Unterdrückung und des Ausschlusses *sich*
aufdrängen müßte.[66]

Im alltäglichen Miteinandersein steht das Dasein »in
der *Botmäßigkeit* der Anderen«. Dadurch wird es
gleichsam seiner *Selbständigkeit* beraubt: »Nicht es

---

64 Ebd., S. 138. Bourdieu bezieht zwar das »Man« nicht auf die Macht.
   Aber er verweist auf den Habituscharakter der Stimmung, die, so
   Bourdieu, »diesseits der Rede verbleibend, auf keine Objektivierung in der Rede oder irgendeine andere Ausdrucksform zu reduzieren ist« (P. B., *Die politische Ontologie Martin Heideggers*,
   Frankfurt a. M. 1976, S. 43).
65 Heidegger, *Sein und Zeit*, S. 128.
66 Foucault, *Mikrophysik der Macht*, S. 109.

selbst *ist*, die Anderen haben ihm das Sein abgenommen. Das Belieben der Anderen verfügt über die alltäglichen Seinsmöglichkeiten des Daseins.«[67] Dieser »Herrschaft des Anderen«, d. h. des Man setzt Heidegger die »eigentliche Existenz«, die »Entschlossenheit zu sich« entgegen. Es gilt also, gegen die »Diktatur« des Man *sich selbst* zu wählen, *sich selbst* zu ergreifen. Angestrebt wird eine *Souveränität des Selbst*. Souveränsein heißt hier, sich aus dem Diktat des Man, aus dem Sinnkontinuum der »öffentlichen Ausgelegtheit« zu befreien. Diese Entschlossenheit führt aber das Dasein nicht über das hinaus, was es *faktisch* vorfindet. Das Dasein sieht sich nämlich, so Heidegger, ins »faktisch Mögliche«, in den faktischen Lebenszusammenhang *geworfen*. Die Freiheit ist also nur im Rahmen einer »Geworfenheit« möglich. Freiheit und »Geworfenheit« schließen sich nicht grundsätzlich aus.

Da Heidegger die Ontologie von der Soziologie ganz abkoppelt, vermag er auch nicht die Möglichkeit zu erkennen, daß die »Geworfenheit« eine *Unterworfenheit* ist, daß die »Entworfenheit«[68] auf der *Unterworfenheit* beruht. Das Dasein entwirft *sich* auf die herrschende Ordnung, indem es sich einem Sinnkontinuum, einer bestimmten »Welt- und Daseinsauslegung« unterwirft. Die Nähe zwischen Geworfenheit und Unterworfenheit ist nicht nur ›ontologisch‹, sondern auch soziologisch bedingt. Heideggers Ontologie der Alltäglichkeit entgeht die Erkenntnis, daß das alltägliche Verstehen an jenen »Alltagsverstand« gekoppelt sein kann, den eine »symbolische Macht« entwirft.

67 Heidegger, *Sein und Zeit*, S. 126.
68 Ebd., S. 147.

Die Macht erreicht eine hohe Stabilität, wenn sie als »Man« auftritt, wenn sie sich der »Alltäglichkeit« einschreibt. Nicht der Zwang, sondern die Automatik der Gewohnheit erhöht ihre Wirksamkeit. Eine absolute Macht wäre die, die nie in Erscheinung träte, die nie auf sich hinwiese, die vielmehr mit der Selbstverständlichkeit ganz verschmölze. *Macht glänzt durch Abwesenheit.*

Metaphysik der Macht

Auf die Frage, ob die Philosophie etwas darüber zu sagen habe, warum der Mensch dazu neige, Macht auszuüben, antwortet Foucault, je freier die Menschen in ihrer Beziehung zueinander seien, desto größer sei ihre Lust, das Verhalten der Anderen zu bestimmen. Die Lust sei um so größer, je offener das Spiel, je vielfältiger die Spielarten seien, in denen man das Verhalten der Anderen lenke. In den Gesellschaften dagegen, in denen die Möglichkeit des Spiels kaum vorhanden sei, verringere sich auch die Lust an der Macht.

Macht setzt gewiß Handlungs-*Spielräume* voraus. Ohne diese gäbe es nur Gewalt und Zwang. Der gleichsam hedonistische Machtbegriff des späten Foucault verlagert aber die Macht zu sehr ins Spielerische: »Die Macht ist nicht das Böse. Macht heißt: strategische Spiele. Man weiß sehr wohl, daß die Macht nicht das Böse ist. Nehmen Sie zum Beispiel sexuelle oder Liebesbeziehungen: In einer Art offenen strategischen Spiels, worin sich die Dinge umkehren können, über den anderen Macht auszuüben, ist nichts Schlechtes, das ist Teil der Liebe, der Leidenschaft, der sexuellen Lust.«[1]

Die Macht mag zum Spiel gehören. Sie mag auch mit Spielelementen ausgestattet sein. Sie *beruht* aber nicht

---

1 Michel Foucault, *Freiheit und Selbstsorge, Interview 1984 und Vorlesung 1982*, hrsg. von Helmut Becker [u. a.], Frankfurt a. M. 1985, S. 25 f. Es ist schon bemerkenswert, daß Foucault vor allem in den achziger Jahren hinsichtlich der Macht von der Freiheit zu sprechen beginnt. Weder in *Überwachen und Strafen* noch in *Wille zum Wissen* war von der Freiheit die Rede.

Macht
und
Spiel

auf dem Spiel. Das Spiel läßt sich sogar als Gegenfigur der Macht einsetzen. Alles andere als spielerisch ist jenes Begehren nach Mehr, das Heidegger zufolge charakteristisch ist für die Macht: »Macht selbst ist nur, sofern sie und solange sie ein Mehr-Macht-sein-wollen bleibt. Sobald dieser Wille aussetzt, ist Macht schon nicht mehr Macht, wenngleich sie das Beherrschte noch in der Gewalt hat«.[2] Leben ist nicht Selbsterhaltung, sondern Selbstbehauptung: »Das Leben hat nicht nur, wie Darwin meint, den Drang zur Selbsterhaltung, sondern ist Selbstbehauptung. Das Erhaltenwollen haftet nur an schon Vorhandenem, versteift sich darauf und verliert sich in ihm und wird so blind gegen das eigene Wesen.«[3] Heidegger kommt immer wieder auf das Wort Nietzsches zurück: »– was der Mensch will, was jeder kleinste Teil eines lebenden Organismus will, das ist ein *Plus von Macht*.«

Über-sich-hinaus-gehen ist der Grundzug der Macht. Aber das Subjekt der Macht verläßt *sich* oder verliert *sich* dabei nicht. Über-sich-hinaus-gehen ist, dies ist die *Gangart der Macht*, gleichzeitig Mit-sich-

---

2 Martin Heidegger, *Nietzsche: Der Wille zur Macht als Kunst*, in: M. H., *Gesamtausgabe*, Bd. 43, hrsg. von Bernd Heimbüchel, Frankfurt a. M. 1985, S. 70.

3 Das Streben nach mehr Macht dient für Hobbes nur der Sicherung des Erreichten zum guten Leben: »So setze ich als allgemeine Neigung der ganzen Menschheit an die erste Stelle ein ständiges und rastloses Verlangen nach Macht und wieder Macht, das erst mit dem Tod aufhört. Und die Ursache hiervon liegt nicht immer darin, daß ein Mensch sich intensivere Freude erhofft, als er bereits erreicht hat, oder daß er mit bescheidener Macht nicht zufrieden sein kann, sondern daß er sich Macht und Mittel zu einem guten Leben, die er gegenwärtig hat, nicht sichern kann, ohne mehr zu erwerben« (Th. H., *Leviathan*, übers. von Jutta Schlösser, Hamburg 1996, S. 81).

zusammen-gehen. Diese Einheit von Über-sich-hinaus und Mit-sich-zusammen vergrößert den *Raum des Selbst*: »Alles Lebendige zeigt sich [...] als Einheit von Bleiben in sich und Vorstoßen über sich hinaus. [...] Je größer die Kraft ist, über sich hinauszustoßen, ohne sich selbst zu verlieren, desto größer ist die Mächtigkeit [...].«[4] Die Mächtigkeit des Lebendigen besteht darin, daß es sich über sich hinaus kontinuiert, daß es mehr Raum mit *sich* besetzt.

Vielleicht kennt sich Foucault in der Tat, wie er selbst freimütig gesteht, mit der Anthropologie, mit der menschlichen Seele nicht gut aus. Das lustvolle Spiel ist keine anthropologische Grundlage der Macht. Nietzsche ist mit der menschlichen Seele wohl besser vertraut als Foucault. In einem Fragment schreibt Nietzsche: »Die Lust an der Macht erklärt sich aus der hundertfältig erfahrenen Unlust der Abhängigkeit, der Ohnmacht. Ist diese Erfahrung nicht da, so fehlt auch die Lust.«[5] Die Lust, die sich einstellt bei der Machtausübung, hat also mit der traumatischen Erfahrung der Unfreiheit und Ohnmacht zu tun. Das Gefühl der Lust, das der Machtgewinn nach sich zieht, ist ein Gefühl der Freiheit. Ohnmacht heißt dem Anderen ausgeliefert sein, *sich* im Anderen verlieren. Macht dagegen heißt im Anderen bei *sich selbst* sein, d. h. frei sein. Die Intensität der Lust hängt also nicht von der Offenheit des Spiels oder von der Vielfalt der Spielarten ab. Sie läßt sich vielmehr auf die Kontinuität des Selbst zurückführen, die mit der Macht wächst.

Es ist oft darauf hingewiesen worden, daß die

4 Tillich, »Das Problem der Macht«, S. 195.
5 Nietzsche, *Nachgelassene Fragmente 1875–1879*, KSA 8, S. 425.

Machtgebilde eine unterschiedliche Vermittlungsstruktur aufweisen. Eine vermittlungsarme oder vermittlungslose Macht entwickelt eine Zwangsstruktur, die zur Unterdrückung des Anderen führt. So nähert sie sich der Gewalt. Auf Seiten des Machthabers kann sie aber ein Gefühl der Freiheit entstehen lassen. Der Machthabende setzt ja *seine* Entscheidung, *seine* Wahl auch gegen den Willen des Anderen durch. Der Machtunterworfene tut das, was der Machthaber *will*. Die Macht erzeugt eine Kontinuität des Selbst, in diesem Fall allerdings eine *äußere*, weil der Machtunterworfene ohne *innere* Zustimmung nach dem Willen des Machthabers handelt. Dem Machthaber gibt die Kontinuität des Selbst insofern ein Gefühl der Freiheit, als sein Wille sich nicht am Willen des Anderen bricht. Der Machtunterworfene gibt, wenn auch äußerlich, seine Andersheit zugunsten des Machthabers preis. Er läßt die Wahl, die Entscheidung des Machthabers bei sich geschehen, und zwar gegen den eigenen Willen, der eine andere Wahl getroffen hätte. Der Machthaber erblickt im Anderen seinen eigenen Willen. Diese Wahrnehmung des Selbst im Anderen ist konstitutiv fürs Gefühl der Macht. Den Machtunterworfenen aber versetzt diese vermittlungsarme Form der Macht in ein Gefühl der Unfreiheit. Gerade diese asymmetrische Verteilung der Freiheit macht diese Macht instabil.

Macht ist für Nietzsche alles andere als Spiel: »**Erobern** – ist die natürliche Consequenz einer überschüssigen Macht; [...] das Einverleiben seines eigenen Bildes in fremden Stoff.«[6] Leben ist »Auf-

---

6 Nietzsche, *Nachgelassene Fragmente 1882–1884*, KSA 10, S. 278.

zwängung eigner Formen«.[7] *Ego* erobert *Alter*, indem er sein eigenes Bild *Alter* aufprägt oder aufzwingt. Hier verhält sich *Alter* wie ein passiver Stoff, der den Willen *Egos* nur erleidet. Die Machtausübung als »Aufzwängung eigner Formen« erzwingt eine Kontinuität des *Ego* in *Alter*. Dadurch erblickt *Ego* in *Alter* sein eigenes Bild, d. h. *sich selbst*. Da *Alter Ego* widerspiegelt, kehrt *Ego* in *Alter* zu *sich selbst* zurück. Kraft seiner Macht ist *Ego* trotz der Präsenz von *Alter* frei, d. h. bei sich selbst.

Nietzsche ist weitgehend auf eine Machtform fixiert, die vermittlungsarm ist. Die »Aufzwängung eigner Formen« durch »Verletzung« und »Überwältigung« ist nicht die einzige Möglichkeit, die Kontinuität des Selbst herzustellen. Dieses Machtmodell faßt *Alter* als ein passives Material auf, das *Egos* Willen erleidet oder dem sich *Ego* aufdrängt. Wird *Alter* dagegen als ein zu *aktiver* Handlung und Entscheidung fähiges Individuum verstanden, so gestaltet sich das Verhältnis zwischen *Ego* und *Alter* wesentlich komplexer. *Alter* kann nun die Entscheidung oder die Wahl von *Ego*, statt sie bloß passiv zu *erleiden*, aktiv in den eigenen Entwurf integrieren und die Handlung von *Ego* als seine *eigene* Handlung vollziehen. *Alters* Tun entspricht zwar dem Willen *Egos*. Aber diese Kontinuität ist nicht von *Ego* einseitig erzwungen, sondern von *Alter* selbst *gewollt*. *Alter* folgt gleichsam aus freien Stücken dem Willen *Egos*. *Alter* macht den Willen *Egos* zu seinem *eigenen* Willen. Dadurch gewinnt auch *Alter* ein Gefühl der Freiheit. Diese Machtbeziehung ist wesentlich stabiler als jene vermittlungsarme Macht, in der sich der Macht-

7 Nietzsche, *Jenseits von Gut und Böse*, KSA 5, S. 207.

unterworfene wie ein passives, stoffliches Material verhält. Trotz unterschiedlicher Vermittlungsstruktur besteht *Egos* Macht in *beiden* Konstellationen der Macht
darin, daß er *sich* in *Alter* kontinuiert, in diesem bei
sich selbst verweilt.

Die Macht ist das Vermögen, im Anderen bei sich
selbst zu sein. Sie ist nicht nur dem Menschen eigen.
Hegel erhebt sie zum Prinzip des Lebens überhaupt.
Sie unterscheidet das Lebendige vom Toten: »Das Lebendige steht einer unorganischen Natur gegenüber, zu
welcher es sich als dessen Macht verhält und die es sich
assimiliert. Das Resultat dieses Prozesses ist nicht wie
beim chemischen Prozeß ein neutrales Produkt, in wel-
chem die Selbständigkeit der beiden Seiten, welche einander gegenüberstanden, aufgehoben ist, sondern das
Lebendige erweist sich als übergreifend über sein Anderes, welches seiner Macht nicht zu widerstehen vermag. [...] Das Lebendige geht so im Anderen nur mit
sich selbst zusammen.«[8] Die Macht des Lebendigen be-
kundet sich darin, daß es im Anderen *sich* nicht verliert,
daß es vielmehr »übergreifend über sein Anderes« dies
mit *sich* besetzt und dadurch *sich* in sein Anderes kontinuiert. Der Gang zum Anderen gestaltet sich als ein
Gang zu sich. Der Organismus ist, so Hegel, ein »Zu-
sammengehen seiner mit sich selbst in seinem äußeren
Prozeß«, d. h. in seinem Verhältnis zum Anderen. Ein
Lebewesen, das nicht die Macht hat, im Anderen mit
sich zusammenzugehen, geht an diesem zugrunde, d. h.
an der *negativen Spannung*, die das Andere, das in das
Lebewesen eindringt, in diesem erzeugt.

8 Hegel, *Enzyklopädie der philosophischen Wissenschaften I*, in:
G. W. F. H., *Werke*, Bd. 8, S. 375 f.

Die Macht ist für Hegel schon auf der elementarsten Stufe des Lebens wirksam. So ist die Verdauung bereits ein Vorgang der Macht, in dem das Lebendige sein Anderes allmählich zur Identität mit sich bringt. Das Lebendige stellt die Identität mit dem Anderen, d. h. die Kontinuität des Selbst dadurch her, daß es das ihm Äußere verinnerlicht. Die digestive Innerlichkeit befähigt das Lebendige dazu, das Äußere ins Innere umzuwandeln, d. h. im Anderen zu sich zurückzukehren.

Die Tätigkeit des Geistes beschreibt Hegel interessanterweise in Analogie zur Verdauung. Hervorgehoben wird dadurch eine machtlogische Affinität zwischen Verdauung und Geistestätigkeit: »Alle Tätigkeiten des Geistes sind nichts als verschiedene Weisen der Zurückführung des Äußerlichen zu der Innerlichkeit, welche der Geist selbst ist, und nur durch diese Zurückführung, durch diese Idealisierung oder Assimilation des Äußerlichen wird und ist er Geist.«[9] Der Grundzug des Geistes ist die Verinnerlichung. Er hebt das Andere, das Äußerliche in seinen Innenraum auf. Dadurch bleibt er im Anderen *bei sich zu Hause*. Das Erkannte oder das Begriffene ist dem Geist nicht äußerlich oder fremd. Es gehört zu ihm. Es ist *sein* Inhalt: »Nämlich Erkennen heißt eben das Äußerliche, Fremde des Bewußtseins vernichten und ist so Rückkehr der Subjektivität in sich«.[10] Die Verinnerlichung, die Aufhebung des Außen ins Innen, verbindet Digestion und

---

9 Hegel, *Enzyklopädie der philosophischen Wissenschaften III*, in: *Werke*, Bd. 10, S. 21.

10 Hegel, *Vorlesungen über die Philosophie der Geschichte*, in: *Werke*, Bd. 12, S. 391.

Begreifen. Essen und Trinken ist, so Hegel, das »bewußtlose Begreifen« der Dinge.[11]

In der bloßen Anschauung aber ist der Geist nicht ganz bei sich, denn er ist zu sehr *draußen in der Welt*. Es findet keine »Rückkehr der Subjektivität in sich« statt. Der bloß anschauende Geist bleibt in die Welt versenkt oder zerstreut: »Auf dem Standpunkte der bloßen *Anschauung* sind wir *außer uns* [...]. Die Intelligenz ist hier in den äußerlichen Stoff *versenkt*, eins mit ihm [...]. Daher können wir in der Anschauung höchst *unfrei* werden.«[12] Der Geist ist deshalb »höchst unfrei«, weil er, statt bei sich selbst zu sein, ins Außen verwickelt ist, bei den Dingen verweilt.

In der Vorstellung ist der Geist freier, d. h. mehr *bei sich* als in der bloßen Anschauung. Jede Vorstellung ist *meine* Vorstellung. Im Gegensatz zur bloßen Anschauung bin ich nicht in die Dinge versenkt, sondern stelle diese ausdrücklich *vor mich hin*. Ich erhebe mich über die Dinge, indem ich die unmittelbare Bindung an sie breche, indem ich über sie ein Bild, *mein* Bild mache, wobei ich in meinem Inneren bleibe: »Demnach setzt der Geist die Anschauung als die *seinige*, durchdringt sie, macht sie zu etwas *Innerlichem* [...] und somit *frei*. Durch dies Insichgehen erhebt sich die Intelligenz auf die Stufe der *Vorstellung*. Der vorstellende Geist *hat* die Anschauung [...].«[13] Ich *habe* die Anschauung. Die Vorstellung ist *meine* Vorstellung. In der *Habe* bin ich

---

11 Hegel, *Enzyklopädie der philosophischen Wissenschaften II*, in: *Werke*, Bd. 9, S. 485.
12 Hegel, *Enzyklopädie der philosophischen Wissenschaften III*, in: *Werke*, Bd. 10, S. 256.
13 Ebd.

nicht draußen, sondern *bei mir zu Hause*. Die Vorstellung als Habe ist *mein* Besitz. Die Macht verwandelt das bloße Sein in die Habe. Sie sorgt dafür, daß der Geist nicht »in ein räumliches Außereinander hineingerissen, daß vielmehr sein einfaches Selbst sich in ungetrübter Klarheit durch jene Mannigfaltigkeit hindurchzieht und dieselbe zu keinem selbständigen Bestehen kommen läßt«.[14] Die Macht des Geistes besteht demnach darin, die Dinge in seine Innerlichkeit zu versenken, das Äußere zum Inneren zu *beugen*. Kraft der *Beugung zieht sich* der Geist durch die Mannigfaltigkeit der Welt *hindurch*. Dieser *Durchzug der Innerlichkeit* erzeugt ein Kontinuum des Selbst.

Der Geist, der im Anderen zu sich selbst zurückkehrt, bewohnt die Welt als seinen *Innenraum*. In-der-Welt-sein heißt Bei-sich-selbst-sein. Angesichts eines Objekts vergrößert er seine Innerlichkeit, indem er es in seine Innerlichkeit versenkt. Er kehrt im Äußeren zu sich zurück, indem er es zum Inneren *wendet*. Der Geist verdichtet *sich*, vertieft seine Innerlichkeit, Hegel sagt auch, »verinnerlicht sich« oder »erinnert sich«, indem er nicht *draußen* im Objekt verweilt, sondern dies in seinen Innenraum einholt: »Indem die Intelligenz den Gegenstand von einem *Äußerlichen* zu einem *Innerlichen* macht, verinnerlicht sie sich selbst. Dies beides, die Innerlichmachung des Gegenstandes und die Erinnerung des Geistes, ist ein und dasselbe.«[15] Die »Erinnerung des Geistes« bedeutet, daß der Geist aus dem Objekt *in sich geht*. Er erweitert, verdichtet seine Innerlichkeit *um das Objekt*, indem er dies zum Inneren

14 Ebd., S. 22.
15 Ebd., S. 244.

macht. Diese »Innerlichmachung« des Objekts weitet
seine Innerlichkeit, macht ihn also innerlicher: »Die *Intelligenz* hat sich uns als der aus dem Objekte *in sich
gehende*, in ihm *sich erinnernde* und seine *Innerlichkeit*
für das *Objektive* erkennende Geist erwiesen.« Es ist
vor allem das Denken, das den Geist ganz frei macht:
»Also: die letzte Spitze der Innerlichkeit ist das Denken. Der Mensch ist nicht frei, wenn er nicht denkt,
denn er verhält sich dann zu einem Anderen.«[16] Der
Mensch ist unfrei, solange er sich zum Anderen, zum
Äußeren verhält, d. h. solange er im Anderen nicht zu
sich selbst zurückkehrt, solange die Andersheit des Anderen nicht ins *Selbe* aufgehoben ist. Der denkende
Geist durchdringt, durchleuchtet das Andere, nimmt
diesem seine Andersheit. Dadurch bringt er ein *Kontinuum des Selben* hervor. Auch der »Wille« vertieft die
Kontinuität des Selbst, indem er sich um die Objektivierung seiner Innerlichkeit bemüht, dem Äußeren sein
Inneres aufprägt. Sein Grundzug ist die »Rückkehr in
sich«. Der Wille zur Macht ist, so gesehen, immer der
Wille zu *sich*.

Die »Innerlichmachung« der Welt als »Erinnerung
des Geistes« muß nicht gewaltsam erfolgen. Eine gewaltsame Einschließung, in der das Außen von einer
ihm fremden Macht ins Innen eingezwängt würde,
stellte nur eine vermittlungslose, äußerliche Form der
»Innerlichmachung« dar. Hegel schwebt ein *Innerlichwerden des Außen* vor. Die Welt wird demnach nicht
in eine ihr fremde Innerlichkeit versenkt, sondern sie
verinnerlicht sich selber zu einem Innenraum. Hegel

16 Hegel, *Vorlesungen über die Philosophie der Geschichte*, in: *Werke*,
   Bd. 12, S. 521.

würde sagen, daß die Macht des Geistes alles andere als
Gewalt ist, daß sie das Andere nicht vergewaltigt oder
vernichtet, daß sie vielmehr im Anderen das erscheinen
läßt, was es *an sich* schon *ist*, daß das Denken nicht *verkündend*, sondern *erhellend* ist. Vom erhellenden Licht
geht zwar keine Gewalt aus. Das Licht des Geistes ist
aber ein besonderes Licht, ein Licht, das *sich* innig berührt, das in dem *Belichteten sich selbst* erblickt. Es hat
ein *Auge*.

Die Macht ist ein Phänomen der Innerlichkeit und
Subjektivität. Wer sich nur zu er-*innern*, wer nur in seinem *Inneren* bzw. bei *sich selbst* zu verweilen bräuchte,
wer überhaupt kein Außen hätte, wäre mit einer absoluten Macht begabt. Wo *Erinnerung* und *Erfahrung*
ganz zusammenfielen, gäbe es keine Ohnmacht und
keinen *Schmerz*. Unendliche Innerlichkeit bedeutet unendliche Freiheit und Macht.

Die Subjektivität ist konstitutiv für die Macht. Ein
unorganisches Wesen mag eine zentrierte Struktur besitzen. Aber es entwickelt keine Machtstruktur, weil
keine Subjektivität es beseelt, weil es keine Innerlichkeit besitzt. Der Raum der Macht ist *ipsozentrisch*. Er
wird von einem Selbst bewohnt, dessen Intentionalität
das Sich-Wollen ist. Auch Paul Tillich verbindet die
Macht mit Subjektivität und Zentrierung: »Alle Macht-
strukturen sind um ein Zentrum organisiert, sie haben
etwas, worauf sie gerichtet sind, worauf alle Teile bezogen sind. [...] Je organisierter ein Wesen ist, desto mehr
wächst seine Zentriertheit, und sie erreicht die höchste
Form menschlichen Selbstbewußtseins, wo jedes einzelne Erlebnismoment auf das Zentrum des Selbst bezogen ist. Das führt zu dem Gedanken, daß auch in der

sozialen Gruppe nicht nur ein Zentrum da ist – das ist selbstverständlich, sonst würde sie niemals handeln können –, sondern daß es sich auch bei der sozialen Gruppe um einen Organismus handelt und daß man die Mächtigkeit der Gruppe in Analogie zu der Mächtigkeit biologischer Organismen stellen kann. Ein Organismus ist um so mehr entwickelt, je mehr verschiedene Elemente um sein Zentrum organisiert sind. Darum produziert der Mensch die reichsten, universalsten und mächtigsten sozialen Organismen, obgleich wir auch in der Tierwelt Ähnliches finden.«[17]

Der Organismus ist für die moderne Biologie, wie auch Luhmann bemerkt, »nicht mehr ein beseeltes Wesen, dessen Seelenkräfte die Teile zu einem Ganzen integrieren, sondern ein adaptives System, das auf wechselnde Umweltbedingungen und -ereignisse durch Einsatz eigener Leistungen sinnvoll kompensierend, substituierend, blockierend oder ergänzend reagiert, um auf diese Weise die eigene Struktur invariant zu halten [...].«[18] Die moderne Vorstellung des Organismus stellt Hegels Konzept der Macht jedoch nicht gänzlich in Frage. Der Organismus verdankt seine strukturelle *Invarianz* gerade jener Macht, die dafür sorgt, daß der Organismus bei wechselnden Umweltbedingungen und -ereignissen *sich* behauptet, d. h. sich invariant hält. Sie erzeugt auch in diesem Fall eine *Kontinuität des Selbst*, befähigt den Organismus dazu, trotz der von

---

17 Paul Tillich, »Philosophie der Macht«, in: P. T., *Gesammelte Werke*, Bd. 9: *Die religiöse Substanz der Kultur. Schriften zur Theologie der Kultur*, Stuttgart 1967, S. 205–232, hier: S. 223.
18 Niklas Luhmann, *Soziologische Aufklärung I. Aufsätze zur Theorie sozialer Systeme*, Opladen ⁵1984, S. 38 f.

seiner Umwelt erzeugten negativen Spannung bei sich
zu bleiben.

Das Seiende ist, solange es endlich ist, vom Anderen
umgeben. Die Selbstbejahung impliziert, daß das Seiende in Berührung mit dem Anderen bei sich selbst
bleibt. Ohne diese Kontinuität des Selbst muß es zugrunde gehen, und zwar an der Negativität, an der negativen Spannung, die das Andere in ihm hervorruft.
Wer die Negativität nicht in sich auszutragen, nicht in
sich zu integrieren vermag, hat nicht die Macht zu *sein*.
Auch Tillich führt die Seinsmächtigkeit auf die Fähigkeit des Lebendigen, die Negativität oder, wie er sagt,
das »Nichtsein« zu überwinden, d. h. in die Selbstbejahung einzuschließen, zurück: »Man hat mehr Seinsmächtigkeit, weil mehr Nichtsein überwunden werden
muß und solange man es überwinden kann. Wenn es
nicht mehr getragen und überwunden werden kann,
dann ist völlige Ohnmacht, das Ende jeder Seinsmächtigkeit, das Ergebnis. Das ist das Risiko alles Lebendigen. Je mehr Nichtsein das Lebendige in sich tragen
kann, um so gefährdeter ist es und desto mehr Seinsmächtigkeit hat es, wenn es imstande ist, dieser Gefahr
zu trotzen. [...] Ein Lebensprozeß ist um so machtvol-
ler, je mehr Nichtsein er in seine Selbstbejahung einschließen kann, ohne dadurch zerstört zu werden.«[19]

Macht ist das Vermögen des Lebendigen, bei vielfa-
cher Verwicklung ins Andere *sich* nicht zu verlieren,
sich durch negative Spannungen hindurch zu kontinuieren. Sie ist »die Möglichkeit der Selbstbejahung trotz
innerer und äußerer Verneinung«. Wer dagegen nicht in

19 Tillich, »Philosophie der Macht«, S. 209.

der Negativität zu verweilen, sie in sich einzuschließen
vermag, besitzt nur eine geringe Seinsmächtigkeit. So
sind Neurotiker und ›Gott‹ hinsichtlich der Seinsmächtigkeit einander entgegengesetzt: »Der Neurotiker ist
dadurch charakterisiert, daß er nur wenig Nichtsein in
sich einschließen kann; vor der Gefahr des Nichtseins
flieht er in seine kleine, enge Burg. Der Durchschnitts-
mensch kann ein begrenztes Maß von Nichtsein in
sich tragen, der schöpferische Mensch ein großes und
Gott, symbolisch gesprochen, ein unendliches Maß.
Die Selbstbejahung eines Wesens trotz des Nichtseins
ist der Ausdruck seiner Seinsmächtigkeit. Damit sind
wir zu den Wurzeln des Machtbegriffs gekommen.«[20]

Die Selbstbejahung muß nicht mit der Unterdrük-
kung oder Negation des Anderen einhergehen. Es
kommt auf die Vermittlungsstruktur an. Bei intensiver
Vermittlung ist sie nicht negierend oder ausschließend,
sondern integrierend. ›Gott‹ stellte eine Figur der höchsten Vermittlung dar. Ein Gewalttäter wäre dagegen ein
Neurotiker. Er vermöchte nur durch vermittlungslose
Gewalt die Kontinuität des Selbst zu erreichen. So zöge
die neurotische Selbstbejahung die Negation des Anderen nach sich.

Ein neurotischer Rückzug ins erstarrte Selbstbild
verweist auch für Hegel auf eine geringe Seinsmächtigkeit. Der Geist ist »Macht nur, indem er dem Negativen
ins Angesicht schaut, bei ihm verweilt«.[21] Der Geist gewinnt, so Hegels berühmtes Wort, »seine Wahrheit nur,
indem er in der absoluten Zerrissenheit sich selbst findet«. Die Macht des Geistes erzeugt die Kontinuität

20 Ebd.
21 Hegel, *Phänomenologie des Geistes*, in: *Werke*, Bd. 3, S. 36.

des Selbst durch negative Spannungen hindurch, die das *Andere* in ihm hervorruft. Nur bei fehlender Vermittlung stieße er das Andere ab. So führt die Vermittlungsarmut, das fehlende Vermittlungsvermögen zu einem beschränkten, neurotischen Geist.

Die Macht, die durch eine Verinnerlichung des Anderen die Kontinuität des Selbst herstellt, *kann*, aber muß nicht als Gewalt auftreten. Entscheidend ist das Vermittlungsverhältnis zwischen dem Subjekt und dem Objekt. Die Macht konzipiert Hegel so, daß sie bei großer Vermittlungsintensität jede Gewaltsamkeit verliert. Intensiviert sich die Vermittlung, so zerstört das Subjekt sein Objekt nicht. Die Verinnerlichung stellt vielmehr, darin besteht die besondere Wendung des Hegelschen Idealismus, die *an sich* vorhandene Identität zwischen dem Subjekt und dem Objekt her. Das Objekt ist also nicht das ganz Andere des Subjekts. Das Objekt weist vielmehr eine begriffliche Nähe oder Isomorphie zum Subjekt auf. Die Verinnerlichung des Objekts durchs Subjekt *setzt* diese *an sich* vorhandene Nähe ausdrücklich. Das Begreifen als eine Form der Verinnerlichung vergewaltigt also die Dinge nicht. Vielmehr bringt es, so würde Hegel sagen, etwas zum Vorschein, das bei ihnen bereits *an sich* vorhanden ist, das sie aber nicht *für sich* realisieren, d. h. zum Gegenstand des Wissens erheben können. Das Begreifen der Dinge ist, so gesehen, keine gewaltsame Aneignung, sondern ein *Erscheinen-Lassen* dessen, was bei ihnen gleichsam keimhaft vorhanden ist. Die Verinnerlichung ist demnach keine Vergewaltigung, sondern eine Versöhnung. Sie läßt etwas erscheinen, das das Subjekt und das Objekt miteinander vermittelt: »Dieses Erfassen, das

Übergreifen über das Andere mit der innersten Selbst-
gewißheit enthält unmittelbar die Versöhnung: die Einheit des Denkens mit dem Anderen ist *an sich* vorhanden, denn die Vernunft ist die substantielle Grundlage
ebensowohl des Bewußtseins als des Äußerlichen und
Natürlichen. So ist das Gegenüber auch nicht mehr ein
Jenseits, nicht von anderer substantieller Natur.«[22]

Vernunft bei Hegel

Die »Vernunft« ist für Hegel keine bloß subjektive
Ordnung, der das Objekt gewaltsam zu unterwerfen
wäre. Vielmehr ist sie etwas, das im Objekt selbst gegenwärtig und wirksam ist. So bringt das Subjekt im
Denken das zum Vorschein, was ihm *und* dem Objekt
gemeinsam ist, nämlich das Allgemeine. Dieses Vermittlungsverhältnis modifiziert die Machtstruktur. Nun
kommt die Macht nicht einem einzelnen Subjekt zu,
das sich das Objekt aneignet, um in diesem zu sich zurückzukehren. Sie ist vielmehr die Macht des *sich* mani-
festierenden *Allgemeinen*, das *einzelne* Seiende, d. h.
sowohl das ›Subjekt‹ als auch das ›Objekt‹, zu einer
Ganzheit *versammelt*.

Hegel definiert auch den »Begriff« als eine Macht:
»Dies ist die Macht des Begriffs, der seine Allgemein-
heit nicht in der zerstreuten Objektivität aufgibt oder
verliert, sondern diese seine Einheit gerade durch die
Realität und in derselben offenbar macht. Denn es ist
sein eigener Begriff, sich in seinem Anderen die Einheit
mit sich zu bewahren.«[23] Der Begriff ist *allgemein* in
dem Sinne, daß er das Umspannende, das Übergreifende darstellt, das *all* den unterschiedlichen Erschei-

22 Hegel, *Vorlesungen über die Philosophie der Geschichte*, in: *Werke*,
    Bd. 12, S. 521.
23 Hegel, *Vorlesungen über die Ästhetik I*, in: *Werke*, Bd. 13, S. 149.

nungen der Realität *gemein*-sam ist. Der Be-griff *greift* versammelnd und vermittelnd durch all die vielfältigen Erscheinungen hindurch und bildet eine Ganzheit. Er ist insofern ein Be-*griff*, als er durch*greifend alles* in *sich* be-*greift*. So ist er in *allem* bei *sich selbst*. Seine Macht besteht in dieser Kontinuität des Selbst. Er verliert *sich* nicht in der »zerstreuten Objektivität«. Er wirkt wie jene Gravitation, die Teile auf das *Eine* hin versammelt. Die Rückkehr-zu-sich-im-Anderen ist auch sein Grundzug. Die Realität ist nämlich *sein* Anderes, in dem er *sich* manifestiert und *sich* erblickt.

Es ist oft darauf hingewiesen worden, daß die Macht sich je nach der Vermittlungsstruktur anders ausprägt. Die Macht des Begriffs ist vermittlungsintensiv, denn sein Anderes, die Realität, wird von ihm nicht unterdrückt. Er wohnt ihr vielmehr *inne*. Nicht *gegen* die Realität, sondern *in* der Realität manifestiert *sich* der Begriff. Die Macht des Begriffs ist ohne Gewalt. Hegel würde sagen: *Gewalt ist ohne Begriff.* Je mehr Begriff die Macht in sich aufnimmt, desto weniger Zwang und Gewalt geht von ihr aus. Die Realität wird auf *ihren* Begriff hin *transparent*. Er *erhellt sie*, läßt sie ja *erst sein*. Das Licht des Begriffs blendet sie nicht, denn es ist *ihr* Licht. Die lichte Durchdringung von Begriff und Realität heißt *Wahrheit*. So könnte man auch sagen: *Wahrheit ist Macht.*

Die Macht des Begriffs, des Allgemeinen ist insofern eine »*freie* Macht«, als er das Andere, d. h. die Realität nicht einfach sich ›unterwirft‹, sondern es in sein Wesen entläßt oder befreit. Nicht die Gewalt, sondern die Freiheit bestimmt das Verhältnis zwischen dem Begriff und dessen Anderem: »Das Allgemeine ist daher die *freie* Macht; es ist es selbst und greift über sein Anderes über; aber nicht als ein *Gewaltsames*, sondern das vielmehr in demselben ruhig und bei sich selbst ist. [...] es ist ein Verhalten seiner zu dem *Unterschiedenen* nur als *zu sich selbst*; in demselben ist es zu sich selbst zurückgekehrt.«[24] Greift das Allgemeine auf sein Anderes über, so stößt es nicht auf dessen ›Nein‹. Das Übergreifende wird von dem Anderen vielmehr als dessen *eigene* Wahrheit bejaht. Das Andere unterwirft sich, gehorcht dem Übergreifenden *in Freiheit*. Das Übergreifende ist deshalb in seinem Anderen »ruhig und bei sich selbst«, weil von diesem kein Widerstand ausgeht. Es sagt ›Ja‹ zu dem Übergreifenden. *Ergriffen* von dem Übergreifenden öffnet es sich diesem. So braucht die absolute Macht keine Gewalt anzuwenden. Sie beruht ja auf einer *freien* Unterwerfung.

Foucault vertritt die These, daß der Mensch »das Resultat einer Unterwerfung« sei, die »viel tiefer« sei als er.[25] Der Mensch verdankt demnach seine Identität, seine ›Seele‹ der Verinnerlichung eines Inhaltes, der, um mit Hegel zu sprechen, auf ihn *übergreift*. Er unterwirft sich dem Übergreifenden, indem er sich dies verinnerlicht, zum Inhalt seiner Identität macht. Das ›Ja‹ zum Anderen, das übergreift, ist insofern eine *primäre* Unterwerfung, als es die Identität des Sich-Unterwerfenden *erst konstituiert*. Die Macht ist hier nicht unterdrückend oder vergewaltigend. Sie stiftet *erst* die Identität, ja die ›Seele‹. Der Übergriff *kann* gewaltsame Züge tragen, wenn er vermittlungsarm oder vermittlungslos ist. Hegel würde aber sagen, daß der gewalt-

24 Hegel, *Die Wissenschaft der Logik II*, in: *Werke*, Bd. 6, S. 277.
25 Vgl. Foucault, *Überwachen und Strafen*, S. 42.

same Übergriff ein Übergriff ist, der *ohne Begriff* ist, der *ohne Vermittlung* geschieht.

Die Macht wirkt primär nicht repressiv. Hegel nimmt sie vor allem auf die Dimension der Vermittlung und Hervorbringung hin zur Kenntnis. So beschreibt er auch die Erschaffung der Welt machtlogisch. Gott ist zwar »Subjektivität«. Aber sie erschöpft sich nicht in der abstrakten, inhaltlosen Identität des ›Ich bin Ich‹. Er verharrt nicht in einer »ewigen Stille und Verschlossenheit«.[26] Vielmehr drückt er *sich* aus, indem er das Andere, nämlich die Welt hervorbringt. Diese Erschaffung der Welt ist jedoch kein einfacher Übergang ins Andere, sondern Rückkehr zu sich. Gott erblickt sich in der Welt als *seinem* Anderen. Er kehrt in der Welt zu sich zurück. Diese Rückkehr-zu-sich-im-Anderen ist der Grundzug der Macht: »Die Macht ist […] *negative Beziehung auf sich selbst*«. Sie ist negativ, weil der Selbstbezug übers Andere erfolgt, weil er die Rückkehr-zu-sich-im-Anderen ist. Die bloß positive Beziehung auf sich selbst wäre ein Selbstbezug, der keinen Bezug zum Anderen in sich trüge. So wäre Tillichs ›Neurotiker‹ zu keiner »negativen Beziehung auf sich selbst« fähig. Er verlöre *sich* im Verhältnis zum Anderen. Ihm fehlte die Macht, die den Bezug zum Anderen zu einem Selbstbezug zu *beugen* vermöchte. Entscheidend für die Macht ist diese *Beugung*, diese *Wendung zu sich*.

Macht verspricht Freiheit. Der Machthaber ist frei, weil er im Anderen ganz bei sich selbst zu sein vermag. Gott ist, so Hegel, »frei, weil er die Macht ist, Er Selbst

26 Hegel, *Vorlesungen über die Philosophie der Religion II*, in: *Werke*, Bd. 17, S. 55.

zu sein«.[27] Gott bewohnt oder errichtet ein *absolutes Kontinuum des Selbst.* Es gibt keinen Bruch, keine Zerrissenheit, in der er *sich* verlöre. Er kennt kein radikal Anderes, in dem er nicht *Er Selbst* wäre. ›Neurotiker‹ wäre vielleicht nicht nur jemand, der in seiner »kleinen, engen Burg« verharrte, sondern auch jemand, der unter dem Zwang stünde, überall bei sich selbst, überall *Er Selbst* zu sein. In gewisser Hinsicht wäre auch Hegels ›Gott‹ oder ›Geist‹ eine Erscheinung dieser Neurose.

Gott ist Macht. Hegels Auffassung der Religion ist ganz von der Figur der Macht beherrscht. Mit einer Selbstverständlichkeit erhebt er die Macht zur »Grundbestimmung« der »Religion überhaupt«.[28] Keinen Augenblick wird die Möglichkeit in Erwägung gezogen, daß die Religion einen Raum öffnen könnte, der sich der Machtlogik ganz entzöge, daß die Religion eine Erfahrung der *Kontinuität* sein könnte, die sich grundsätzlich unterschiede von jener von der Macht erzeugten *Kontinuität des Selbst,* daß die Religion gerade jene Bewegung darstellen könnte, die alles andere als Rückkehr-zu-sich wäre.

Die Religion erwacht aus der Erfahrung der Endlichkeit. Entscheidend ist, daß der Mensch im Gegensatz zum Tier ein ausdrückliches *Bewußtsein* seiner Endlichkeit hat, daß er imstande ist, seine Endlichkeit zum Gegenstand des *Wissens* zu erheben. So führt der *Schmerz* übers unmittelbare Empfinden hinaus zu einer *allgemeinen* Vorstellung der Endlichkeit. Auf diese Vorstellungsfähigkeit geht auch zurück, daß der

27 Hegel, *Berliner Schriften 1822–1831,* in: *Werke,* Bd. 11, S. 373.
28 Hegel, *Vorlesungen über die Philosophie der Religion I,* in: *Werke,* Bd. 16, S. 341.

Mensch *trauern* und *weinen* kann, daß der Mensch im Gegensatz zum Tier eine Religion hat. Zur Erfahrung der Endlichkeit gehört auch die Vereinzelung, die zu einer fundamentalen Einsamkeit führt. Angesichts des Bewußtseins der Endlichkeit erwacht das Verlangen, die schmerzende Erfahrung des *Begrenztseins* zu überwinden und aus der Einsamkeit der Vereinzelung auszubrechen. Die Religion beruht auf der Erfahrung der *Grenze* und *Vereinzelung* und dem Verlangen nach deren Aufhebung.

Die Erfahrung der Endlichkeit oder der Begrenztheit spielt sich nicht notwendig auf der Ebene der Macht ab. Die Begrenztheit des menschlichen Daseins muß nicht die der Macht sein. Die Erfahrung der begrenzten Macht ist nur eine der möglichen Erfahrungen der menschlichen Endlichkeit. Das Leiden am Endlichen kann durchaus das Leiden an jener *Grenze* sein, die mich vom Anderen trennt, die nur durch die Herstellung einer besonderen Kontinuität zu überwinden ist. Diese Kontinuität, die die trennende Grenze aufhebt, weist eine andere Struktur auf als jene Kontinuität des *Selbst*, die die Macht herstellt. Sie hat nicht die *Intentionalität der Rückkehr-zu-sich*. Nicht jenes Selbst, das im Anderen nur mit sich zusammenzugehen bestrebt ist, beseelt den grenzen-losen Raum, die grenzen-lose Kontinuität des *Seins*. Nicht die Macht, nicht die Rückkehr-zu-sich, sondern der Aufbruch zu einer grenzenlosen Offenheit verspricht das Heil. Die Religion beruhte, so gesehen, auf dem Verlangen nach einer Ent-Grenzung, nach einer Unendlichkeit, die jedoch nicht die unendliche Macht wäre. Das religiöse *Sein zum Unendlichen*, zum Grenzenlosen kann gewiß mit dem *Be-*

gehren nach grenzenloser Macht, mit einem schranken-
losen *Willen* zur Macht besetzt sein. Aber es *beruht*
nicht auf ihm. Die Religion ist im Grund *zutiefst fried-
lich*. Sie ist *Freundlichkeit*.

Problematischerweise beschreibt Hegel Phänomene
der Religion durchgehend rein machtökonomisch. Das
Machtkalkül bestimmt jede religiöse Kommunikation.
Bei der Opferung etwa erkennt man zunächst an, »daß
man in der *Macht des Anderen* ist«.[29] Gleichzeitig übt
man Macht auf den Anderen aus, indem man eine Wirkung fordert. Die Anerkennung der Macht des Anderen
und das Bewußtsein der eigenen Macht zu beschwören
beherrscht die Praxis des Opfers. Besäße das Opfer
nicht eine viel tiefere Bedeutung, die sich dem Horizont
der Zweckrationalität, der Nützlichkeit entzöge?

George Bataille begreift das Opfer radikal anders. Er
bestreitet zwar die ökonomische Dimension des Opfers nicht. Aber die tiefere Bedeutung des Opfers liegt
ihm zufolge außerhalb des ökonomischen Kalküls. Das
Opfer stellt eine Antithese zur Nützlichkeit und Ökonomie dar. Es ist *im Grunde* eine besondere Zerstörung
und Verzehrung: »Opfern heißt geben, doch so geben,
wie man Kohle in den glühenden Ofen gibt.«[30] Die Opferung versetzt das Ding in den Zustand der Kontinuität zurück, in dem es keine Abgrenzung, keine Trennung zwischen Subjekt und Objekt, zwischen Mensch
und Welt gibt. Es ist ein Akt der *Ent-Dinglichung* und
Ent-Grenzung. Das Ding wird aus dem Dienlichkeits-
und Zweckzusammenhang gelöst. Ihm wird dadurch

29 Ebd., S. 292.
30 Georges Bataille, *Theorie der Religion*, hrsg. und mit einem Nach-
    wort von Gerd Bergfleth, München 1997, S. 44.

sein Geheimnis zurückgegeben. Die *grenzen*-lose Kontinuität als die eigentliche Dimension der Religion nennt Bataille auch »Intimität« oder »Immanenz«. So spricht sein Opferpriester: »Ich entziehe dich, mein Opfer, der Welt, in der du auf den Zustand eines Dinges reduziert wurdest, reduziert werden mußtest, und in der du einen Sinn erhieltst, der deiner intimen Natur äußerlich ist. Ich rufe dich zurück in die *Intimität* der göttlichen Welt, der tiefen Immanenz alles Seienden.«[31]

Das Kontinuum der Macht ist ein Kontinuum des *Selbst*. Im Gegensatz zur Macht ist die Religion an die Erfahrung eines *grenzen*-losen Kontinuums des *Seins* gebunden. Sie ist eine »Rückkehr zu dem Augenblick«, wo der Mensch »eins war mit dem Universum und sich weder von den Sternen noch von der Sonne unterschied«.[32] Der Schauder, den man angesichts des Heiligen empfindet, rührt Bataille zufolge von der Gewalt der Entgrenzung her, die Unterschiede aufhebt: »So ist das Heilige präzis der Flamme vergleichbar, die das Holz zerstört, indem sie es verzehrt. Wie der Brand, der keine Grenzen kennt, ist es das genaue Gegenteil eines Dinges, es breitet sich aus, strahlt Hitze und Licht aus, es entflammt und blendet, und der von ihm Entflammte und Geblendete entflammt und blendet plötzlich seinerseits.«[33]

Die Erfahrung der ungeschiedenen Einheit des Seins, die Bataille immer wieder beschwört, ist orgiastisch und regressiv. So beginnt sein Entwurf zur Religionsphilosophie bezeichnenderweise mit der »Animalität«.

---

31 Ebd., S. 40.
32 Ebd., S. 145.
33 Ebd., S. 46 f.

Tiere leben ihm zufolge bereits in einer Kontinuität des
Seins. Sie sind in der Welt, »wie das Wasser im Wasser«.[34] Aus diesem Grunde bedürfen sie nicht der Religion. Sie jauchzen immer schon im Kontinuum des
Seins.[35] In der ungeschiedenen Einheit des Seins bildet
sich auch keine Machtbeziehung, denn diese setzt einen
Unterschied voraus: »Im animalischen Leben findet
sich daher nichts, was ein Verhältnis von Herr und Un-
tergebenem einführte [...].«[36] Auch dem Verzehr des
Anderen geht kein Kampf, kein Sich-des-Anderen-Be-
mächtigen voraus. Im Kontinuum des Seins gibt es
eben keine Trennung zwischen sich und dem Anderen.
Es findet keine Assimilation, keine Aneignung im
strengen Sinn statt, deren machtlogische Formel die
Rückkehr-zu-sich-im-Anderen wäre. Die ungeschie-
dene Einheit des Seins läßt keine Trennung zwischen
dem Fressenden und dem Gefressenen zu: »Sooft ein
Tier ein anderes frißt, frißt es seinesgleichen, sein *Eben-
bild*: in diesem Sinne spreche ich von Immanenz.«[37]

Die Bataillesche Kontinuität des Seins schließt zwar
die Machtbeziehung aus. Aber sie verträgt sich durchaus mit orgiastischen Formen von *Gewalt*, die entgren-
zen und zerstören, die sich jedem Sinn, jedem Zweckzusammenhang entziehen. Auch in diesen orgiastischen
Gewaltexzessen wäre jenes ›Heilige‹ durchaus anwe-
send, das Bataille mit der alles verzehrenden Flamme
vergleicht. Es ist also alles andere als freundlich. Die

---

34 Ebd., S. 24.
35 Diese Vorstellung beruht gewiß auf einer Projektion des menschlichen Wunschbildes aufs ›Tier‹, das genauso imaginär ist wie der
   ›Mensch‹.
36 Bataille, *Theorie der Religion*, S. 20.
37 Ebd., S. 19.

»Intimität« nimmt der Kontinutität des Seins ferner die *Offenheit*.

Religion beruht gewiß, wie auch Bataille erkannt hat, auf einer Erfahrung der Kontinuität. Diese ist aber ein Phänomen des *Geistes*, das über jene imaginäre ›Animalität‹ Batailles weit hinausreicht. *Geist* ist insofern *Freundlichkeit*, als er eine *Kontinuität des Seins* stiftet, ohne jedoch Unterschiede oder *Formen* in einer alles zerstörenden, alles verzehrenden Flamme verschwinden zu lassen. Aufgrund dieser Freundlichkeit ist der Geist alles andere als orgiastisch oder verzehrend.

In *Versuch über die Müdigkeit* beschwört Peter Handke eine *tiefe* Müdigkeit, in der das Ich zurückweicht für die Welt. Die Tiefe der Müdigkeit ist die der Welt, die empfangen wird als »Mehr des weniger Ich«.[38] Nicht länger wird das Dasein von der *Emphase des Selbst* beherrscht. In der tiefen Müdigkeit, die keine Sorge um *sich* aufkommen läßt, öffnet sich eine Kontinuität des *Seins*.[39] »Das Andere wird«, so Handke, »zugleich ich«. Der Zwang, im Anderen mit sich zusammenzugehen, im Anderen bei sich selbst zu bleiben, weicht einer Gelassenheit. Zur tiefen Müdigkeit gehört, daß »niemand und nichts ›herrscht‹ oder auch nur ›vorherrschend‹ ist«.[40]

Die tiefe Müdigkeit *inspiriert*: »Die Inspiration der Müdigkeit sagt weniger, was zu tun ist, als was gelassen

---

38 Peter Handke, *Versuch über die Müdigkeit*, Frankfurt a. M. 1992, S. 75.

39 Die tiefe Müdigkeit ist alles andere als verzehrend. Das helle »Licht der Müdigkeit« (ebd., S. 52) läßt Formen bestehen. Es »gliedert«. Es handelt sich um eine »kläräugige Müdigkeit« (ebd., S. 56). Auch in diesem Sinne ist sie freundlich.

40 Ebd., S. 35.

werden kann.«[41] Hegels ›Gott‹, der »Subjektivität, Tätigkeit, unendliche Aktuosität«, »unendliche Macht« bedeutet, verfiele nie der tiefen Müdigkeit. Hegels ›Geist‹ ist ja *Tun* schlechthin, ein »*absolutes Eingreifen*«.[42] Er wird nie müde sein können. Die tiefe Müdigkeit ist wohl die Gegenfigur zur Macht und Subjektivität, die Hegels ›Geist‹ ausmachen. Handke beschwört einen ganz anderen *Geist*, eine *Religion der tiefen Müdigkeit*. Die »Pfingstgesellschaft, wie sie den Geist empfing«, so Handke, habe sich in einer tiefen Müdigkeit befunden.[43] Der Geist versöhnt und einigt. Nichts steht isoliert für sich da, sondern »immer zusammen mit anderen«.[44] Der *Geist*, der in der tiefen Müdigkeit erwacht, ist nichts anderes als *Freundlichkeit*: »Gut. Es ist zugleich mein letztes Bild der Menschheit: versöhnt in ihren allerletzten Augenblicken, in kosmischer Müdigkeit.«[45]

41 Ebd., S. 74.
42 Hegel, *Vorlesungen über die Philosophie der Religion II*, in: *Werke*, Bd. 17, S. 316.
43 Handke, *Versuch über die Müdigkeit*, S. 74.
44 Ebd., S. 68.
45 Ebd., S. 78.

Politik der Macht

»Souverän ist«, so schreibt Carl Schmitt in *Politische Theologie*, »wer über den Ausnahmezustand entscheidet«.[1] Im Ausnahmefall wird die Rechtsnorm zwecks der Selbsterhaltung suspendiert. Der Ausnahmezustand bringt eine Ordnung *vor* dem Recht, einen vorrechtlichen *Raum* der Macht, der *ordnet*, eigens zur Erscheinung. So bleibt der Staat bestehen, während das Recht zurücktritt.

Der *theologische* Souverän, der im Ausnahmefall *entscheidet*, hat eine *absolute* Macht, die jeder positiven Rechtsnorm vorauswaltet. Niemand kann ihn belangen. Im Ausnahmefall entscheidet er ja, was von Belang ist zur Selbsterhaltung, die sich hier zu einem *absoluten Belang* erhebt. Er erhebt sich über die Rechtsnorm und entscheidet über ihre Geltung. Er ist das Subjekt der letzten Entscheidung: »Die Entscheidung macht sich frei von jeder normativen Gebundenheit und wird im eigentlichen Sinne absolut.«[2] Die Souveränität ist nichts anderes als jene Subjektivität, die *sich* will, die zu *sich* entschlossen ist. Der Ausnahmezustand manifestiert gerade diese *Entschlossenheit zu sich* in reinster Form. Sie eignet jedem Macht-Raum. Und allein wer die Macht hat, vermag es, die Not der drohenden Selbstentfremdung zu wenden und bei *sich selbst* zu bleiben. Der Ausnahmezustand ist der entschlossene Versuch der Rückkehr-zu-sich.

1 Carl Schmitt, *Politische Theologie. Vier Kapitel zur Lehre von der Souveränität*, Berlin ⁴1985, S. 11.
2 Ebd., S. 19.

In *Politische Theologie* zitiert Schmitt Kierkegaard, der die Ausnahme übers Allgemeine stellt. Die Ausnahme denke das Allgemeine »mit energischer Leidenschaft«.[3] Sie lege alles viel deutlicher an den Tag als das Allgemeine. Demnach offenbart nicht der Normalfall, sondern erst der Ausnahmefall das Wesen der Souveränität. Das Nachdenken über den Normalfall aber vermag mehr ans Licht zu bringen, als Schmitt oder Kierkegaard glaubt.

Hegel, dieser geniale Philosoph des Normalfalls, der das Allgemeine gerade mit energischer Leidenschaft denkt, beleuchtet das Wesen der Souveränität am Normalfall. Er behauptet, daß man zu einem Monarchen nur einen Menschen brauche, »der ›Ja‹ sagt«.[4] Gemeint ist die »Spitze formellen Entscheidens«, nämlich der *formelle* Souverän, der mit seinem ›Ja‹ dem Gesetz zur Geltung verhilft. Dieses ›Ja‹ entspricht genau jenem ›Nein‹, mit dem der Souverän im Ausnahmefall die Rechtsnorm suspendiert. Das ›Nein‹ ist auch der Ausdruck einer unbedingten Selbstbejahung. So äußert sich in den beiden Fällen die »ihrer selbst gewisse Subjektivität« des Souveräns bzw. des Staates, nämlich die absolute »*Selbstbestimmung* des Willens, in welcher das Letzte der Entscheidung liegt«.[5] Die Tätigkeit dieses Souveräns besteht in der Wiederholung seines *Namens* und des ›Ich will‹. Es kommt auf diesen *Namen* an. Er ist die »Spitze, über die nicht hinausgegangen werden kann«, nämlich der »sich selbst bestimmende und voll-

3 Ebd., S. 22.
4 Hegel, *Grundlinien der Philosophie des Rechts*, in: G. W. F. H., *Werke*, Bd. 7, S. 451.
5 Ebd., S. 444.

kommen souveräne Wille, das letzte Sich-Entschlie-ßen«.[6] ›Ich will‹, ja ›Ich will mich‹, diese Entschlossen-heit zu sich verkörpert jene Subjektivität des Souve-räns, des »*schlechthin aus sich Anfangenden*«,[7] die das Dasein des Staates ausmacht. Der Wille des Souveräns spricht also nicht nur im Ausnahmefall, sondern auch im Normalfall. Das ›Nein‹ im Ausnahmefall ist viel-leicht *eindringlicher* als dieses ›Ja‹, das ununterbrochen gesprochen wird. Aber sowohl das ›Ja‹ als auch das ›Nein‹ ist der Ausdruck des *Willens zu sich*, der Subjek-tivität, die konstitutiv ist für den Staat als Machtraum.

Jener formelle, aber zugleich theologische Souverän der absoluten Macht ist zu unterscheiden vom realen, *politischen* Souverän, der als ein menschliches Indivi-duum um seine Macht ständig bangen muß. Im Gegen-satz zum theologischen Souverän hat er nur eine rela-tive Macht. Gerade Schmitt macht auf jenen Monarchen aufmerksam, der in eine fatale Dialektik der Macht hineingerät: »Das menschliche Individuum, in dessen Hand für einen Augenblick die großen politischen Ent-scheidungen liegen, kann seinen Willen nur unter ge-gebenen Voraussetzungen und mit gegebenen Mitteln bilden. Auch der absolute Fürst ist auf Berichte und In-formationen angewiesen und von seinen Beratern ab-hängig. [...] So wird jede direkte Macht sofort indirek-ten Einflüssen unterworfen.«[8]

Um den Machthaber bildet sich ein »Vorraum« der Macht, der von Ministern, Beichtvätern, Leibärzten, Sekretärinnen, Kammerdienern und Mätressen bevöl-

6 Ebd., S. 449.
7 Ebd., S. 446.
8 Schmitt, *Gespräche über die Macht*, S. 17 f.

kert ist und den eigentlichen Raum der Macht auszu-
höhlen, mit Intrigen und Lügen zu verschütten droht.
Der Vorraum der Macht schneidet den Machthaber
von der Welt vollständig ab, so daß »er nur noch diejenigen erreicht, die ihn indirekt beherrschen, während
er alle übrigen Menschen, über die er Macht ausübt,
nicht mehr erreicht, und auch sie ihn nicht mehr erreichen«.[9] Schmitt orientiert sich hier wieder an Aus-
nahmefällen. Die Ausnahme kann das Allgemeine
wohl mit energischer Leidenschaft denken. Diese Leidenschaft kann es aber auch entstellen oder verdecken. Die These der »Isolierung des Machthabers
durch den unvermeidlichen Machtapparat« berück-
sichtigt gerade dessen konstitutive Wirkung, nämlich
die *strukturelle, konstitutive Streuung, die Verräum-
lichung der Macht* nicht. Der Machtapparat nimmt
nicht notwendig die Gestalt eines Vorraumes der
Macht an, der den Raum der Macht untergräbt. Zur
politischen Machtausübung ist ja ein *organisierter*
Machtapparat aus Institutionen notwendig. Er ist *im
Normalfall* alles andere als der »Dunstkreis indirekter
Einflüsse«. In einer parlamentarischen Demokratie ist
außerdem jene Konzentration der Macht an der
Spitze oder bei einer Person nicht gegeben. Es entsteht nicht jener »Korridor zur Seele des Machthabers«, den nur wenige betreten dürften. Der alte Vorraum der Macht weicht anderen Vorräumen der
Macht, etwa jener Wandel- oder Vorhalle der Macht,
nämlich der *Lobby*.

　　Die Dialektik der Macht, die diese in die Ohnmacht

9 Ebd., S. 20.

umschlagen läßt, ist für Schmitt vor allem ein Hinweis
darauf, daß die Macht eine »objektive, eigengesetzliche
Größe« darstellt, deren sich der Mensch nicht bemäch-
tigen kann. Die Komplexität und Anonymität der Or-
ganisationen in der modernen Gesellschaft verleitet
Schmitt zur These, daß die Macht über die Wirklichkeit des Menschen »hinweggeht«.[10] Die schöne Formel

10 Der Leviathan ist Schmitt zufolge »ein aus Menschen zusammenge-
setzter Über-Mensch, der durch menschlichen Konsens zustande
kommt und doch in dem Augenblick, in dem er da ist, jeden
menschlichen Konsens übersteigt« (Schmitt, *Gespräche über die
Macht*, S. 29). Er ist die »Maschine der Maschinen«, weil er die
»konkrete Voraussetzung aller weiteren technischen Maschinen«
ist. Der Leviathan und die moderne Technik sind demnach gleichen
Ursprunges. Sie sind beide Ausdrucksformen der »Über-Macht«,
die stärker ist als der menschliche »Wille zur Macht« (ebd., S. 29).
Schmitt spricht von der »Macht der modernen Vernichtungsmit-
tel«, die die »Kraft der menschlichen Individuen, die sie erfinden
und zur Anwendung bringen«, »übersteigt«, »um ebensoviel, wie
die Möglichkeiten moderner Maschinen und Verfahren die Kraft
menschlicher Muskeln und Gehirne übersteigen« (ebd., S. 27). Problematischerweise hypostasiert Schmitt die moderne Technik zu einer Macht, der der Mensch ausgeliefert ist. So beschwört er angesichts dieser menschlichen Ohnmacht den *Menschen*. Die Überhö-
hung der Technik zu einer Über-Macht verdeckt aber die eigentliche
Wahrheit. Die Technik ist nämlich das Machtmittel, mit dem der
Mensch *sich* ins Außen verlängert. Sie verlängert die menschliche
Wahrnehmung, den menschlichen Körper, ja die menschliche Gewohnheit in die Welt. Dadurch macht sie die Welt dem Menschen
ähnlich. Sowohl der Leviathan als auch technische Geräte ähneln
dem Menschen ja sehr. So kann der Mensch in der Welt bei *sich
selbst* bleiben. Reduziert wird damit die Gefahr einer Selbstentfremdung. Überall kehrt der Mensch zu sich zurück. Überall erblickt er sich selbst. Die Technik erzeugt gerade das Bei-sich-selbst-
sein-im-Anderen, einen Raum, in dem der Mensch *sich kontinuiert*.
Wenn Heidegger die Technik genauso wie Schmitt zu einer über-
menschlichen Macht erhebt, so erkennt er nicht, daß die Technik ein
so menschliches Antlitz trägt, daß sie der Ausdruck, das Resultat
des menschlichen Strebens nach Macht ist.

homo homini homo gilt also nicht mehr. Die Macht transzendiert auch »alle zwischenmenschlichen Maße jeder denkbaren Macht von Menschen über Menschen«.[11] Mit der Verlegung der Macht in eine übermenschliche Wirklichkeit reagiert Schmitt darauf, daß »Macht und Ohnmacht [...] nicht mehr Auge in Auge gegenüberstehen und sich nicht mehr von Mensch zu Mensch erblicken«,[12] daß die Macht des individuellen Machthabers zur »Ausschwitzung einer Situation« innerhalb eines »Systems unberechenbar übersteigerter Arbeitsteilung« verkümmert.[13]

Offenbar vermag Schmitt mit jener Situation theoretisch nicht umzugehen, daß die Macht sich dem Zugriff *eines* menschlichen Individuums entzieht. Statt etwa anzunehmen, daß die moderne Gesellschaft die Macht einer radikalen Streuung unterwirft oder dezentriert, hypostasiert er die Macht zu einer »eigenständigen Wirklichkeit«, der der Mensch unterworfen ist, die ihn in eine fatale Dialektik hineinzieht. Souverän ist der Mensch nicht mehr, weil die Macht sich dem menschlichen Willen entzieht, weil der Mensch nicht mehr *entscheiden* kann. Schmitt bleibt nur die *Beschwörung des Menschen*: »*Doch Mensch zu sein, bleibt trotzdem ein Entschluß.*«[14]

Schmitts Trennung zwischen Raum und Vorraum, zwischen direkter Macht und indirektem Einfluß ist nicht unproblematisch. Der Vorraum der Macht, der an der Macht teilhat, ist ja selbst ein Teil des Machtraumes.

11 Schmitt, *Gespräche über die Macht*, S. 28.
12 Ebd., S. 29.
13 Ebd., S. 27 f.
14 Ebd., S. 32.

Der Dunstkreis indirekter Einflüsse kann nur deshalb den Raum der Macht aushöhlen und dessen Leere besetzen, weil er sich selbst zu einem Machtraum erhebt. Jenes »Krankenzimmer, in dem einige Freunde am Bett eines gelähmten Mannes sitzen und die Welt regieren«,[15] ist ja ein mächtiger Raum der Macht. Der Vorraum ist in Wirklichkeit ein Nebenraum. Die Bildung der *Nebenräume* der Macht zeugt davon, daß kein Raum der menschlichen Macht sich in sich ganz abzuschließen, absolut bei *sich selbst* zu sein vermag, daß die menschliche Macht aufgrund ihrer Endlichkeit ständig der Gefahr einer Selbstentfremdung ausgesetzt ist. Wegen fehlender *Geschlossenheit* ist kein menschlicher Machtraum frei von Neben-, Vor- oder Umräumen. Sie sind gleichsam seine *Wunden*. Auf diese Endlichkeit der menschlichen Macht geht die Dialektik von Selbstbehauptung und Selbstentfremdung zurück.

In Schmitts Theorie des Vorraumes der Macht findet sich ein interessanter Hinweis auf die Abhängigkeit der Macht von der *Information*. Zum Entlassungsgesuch Bismarcks vom März 1890 schreibt Schmitt: »Der alte, erfahrene Reichskanzler, der Schöpfer des Reiches, setzt sich mit dem unerfahrenen Erben, dem jungen König und Kaiser Wilhelm II. auseinander. Zwischen beiden bestanden viele sachliche Gegensätze und Meinungsverschiedenheiten in Fragen der Innen- wie der Außenpolitik. Aber der Kern des Entlassungsgesuchs, der springende Punkt, ist etwas rein Formales: der Streit um die Frage, wie der Kanzler sich informieren darf und wie der König und Kaiser sich informieren soll.«[16]

15 Ebd., S. 19.
16 Ebd., S. 21.

Die Medien, die nun eine ganz andere Dimension erreicht haben als zur Zeit von Bismarck, verändern auch die *politische Informatik* radikal. Sie überwinden ja leicht die Informationsbarrieren. Unmöglich wäre hier die Bildung eines Vorraumes zur Macht, der den Raum der Macht von der Öffentlichkeit ganz abzuschneiden vermöchte. Einen derartigen Vorraum der Macht würde schon die moderne Informationstechnik schnell durchlöchern.

Trotz ihrer starken Präsenz in der Politik haben die Medien *als solche* keine Macht im eigentlichen Sinne. So ist die geläufige Wendung ›Macht der Medien‹ irreführend. Die Medien bilden eher, um einen Ausdruck von Schmitt zu gebrauchen, einen Dunstkreis indirekter Einflüsse. Ihnen fehlt eine eindeutige intentionale Struktur. Der Raum der Medien ist zu diffus, zu zerstreut. In ihrer Gesamtheit werden sie von keinem bestimmten Akteur, von keiner bestimmten Institution geführt. Strukturelle Streuung und Zerstreuung, die ihnen innewohnen, lassen keine eindeutige Zuschreibung zu. Zu viele Akteure, zu unterschiedliche Intentionen bevölkern den medialen Raum. Der Raum des Internets ist überhaupt nicht *gerichtet*, was zu einer radikalen Zunahme der Kontingenz führt. Es ist außerdem sinnvoll, zwischen Macht und Einfluß zu unterscheiden. Eine Macht, die keinen Einfluß auszuüben vermag, ist gewiß keine Macht. Aber der Einfluß hat nicht immer die Struktur einer Macht. Er ist nicht an die Bildung eines Kontinuums gebunden. Er kann *punktuell* stattfinden, während die Macht ein Phänomen des *Raumes* wäre. Die Medien organisieren sich zwar nicht von sich aus zu dem *einen* Machtraum. Aber möglich sind vielfache Wechselwirkungen zwischen Medien und Machtprozessen. Die Medien können vom machtstrategischen Handeln vereinnahmt werden. Sie können aber auch destabilisierend auf die herrschende Machtordnung einwirken. Aus diesem Grunde versucht ja die totalitäre Macht, die medialen Räume zu besetzen. Und die Bildung einer öffentlichen Meinung ist von der medialen Entwicklung nicht getrennt zu denken.[17]

In eifriger Orientierung an der Ausnahme, am wuchernden Vorraum der Macht fragt Schmitt nicht, inwiefern die Macht ein Phänomen des Raumes ist. Die Bildung des Vorraumes der Macht gibt wenig Auskunft über die Funktionsweise des Macht-*Raumes* selbst.[18] Die Macht kann sich zwar in gewisser Hinsicht an der Spitze oder in einer Person konzentrieren. Aber sie läßt sich nicht auf diese Spitze *gründen*. Sie bedarf, um Macht zu sein, eines *Raumes*, der sie trägt, bejaht, legitimiert. Die Macht ist, *selbst* in ihrer Konzentration an

17 Auch Foucault knüpft die Bildung der öffentlichen Meinung an die Schriftlichkeit. Vgl. Foucault, *Überwachen und Strafen*, S. 122: »Diese Gesetze müssen veröffentlicht sein, jedermann muß zu ihnen Zugang haben können. An die Stelle der mündlichen Überlieferungen und Gewohnheitsrechte muß eine schriftliche Gesetzgebung treten, die ›das stabile Monument des Gesellschaftsvertrages‹ ist – gedruckte Texte, die jedermann zugänglich sind. ›Die Druckerei ... ist es, welche das Publikum, und nicht einige wenige zu Aufsehern und Beschützern der heiligen Gesetze macht.‹«

18 In seiner Historiographie des Abendlandes beißt sich auch Agamben mit energischer Leidenschaft am Ausnahmefall fest und macht ihn zur Regel. So wird das Konzentrationslager zum »*nómos* der Moderne« (Agamben, *Homo sacer*, S. 175). Wie der Raum der Macht sich vom Vorraum her nicht erklären läßt, so ist der politische Raum der Moderne aus dem Lager nicht abzuleiten. Blickte man auf die *Normalfälle* der Geschichte der Menschheit, so dürfte man doch die Hoffnung hegen, daß der *kommende Mensch* nicht *Homo sacer*, sondern *Homo liber* heißt.

der Spitze, ein Ereignis des *Raumes*, eines Zusammen oder einer Ganzheit. Vereinzelung und Isolierung sind der Macht abträglich. Mit der Gewalt dagegen sind sie wohl vereinbar. Die Gewalt findet nämlich *punktuell* statt. Sie kann dazu beitragen, Macht zu generieren. Aber diese beruht nicht auf ihr. Die Gewalt kann *sich nicht verräumlichen*.

Die Macht bringt ein Kontinuum hervor. Dies gilt sowohl für die Zweierbeziehung als auch für die Polis. *Ego* vermöchte, wäre er ganz auf sich vereinzelt, nur durch Gewalt den Willen *Alters* zu brechen. *Ego* hat in dieser Vereinzelung auf sich keine Macht über *Alter*. Gerade in Ermangelung der Macht vergewaltigt *Ego* *Alter*. Die Gewalt ist also ein Zeichen der *Ohnmacht*. *Ego* besäße dagegen viel Macht über *Alter*, wenn sich *Alter* aus freien Stücken *Ego* unterwürfe. In diesem Fall kontinuiert sich *Ego* in *Alter* ohne jede Anwendung von Gewalt. Vermittels der Macht ist *Ego* in *Alter* bei sich selbst. Die Macht bildet diese *Kontinuität*, *verräumlicht Ego* bzw. seinen Willen. Die Gewalt oder die Vergewaltigung vertieft dagegen *Brüche*, reduziert *Räume*. Auch in einer Konstellation, die nicht um einen individuellen Akteur zentriert ist, stiftet die Macht eine Kontinuität. Sie bildet die Gravitation einer Ganzheit, die Teile miteinander verbindet und vermittelt.

In einer Revolution etwa kann wohl auch Gewalt im Spiel sein. Aber sie läuft ins Leere, solange sie *nur* Gewalt, d. h. an keine *Macht* angelehnt ist. Ohne Macht, ohne Zustimmung *Anderer* ist sie zum Scheitern verurteilt. Hat sie dagegen Macht, so stiftet sie einen *neuen Raum*. Die Gewalt kann zwar *raumgreifend* sein. Aber sie ist nicht *raumschaffend*. Bei der *Entstehung* eines politischen Raumes mag sie auch eine konstitutive Rolle spielen. Aber das Politische *beruht* nicht auf der Gewalt, sondern auf einem *gemeinsamen* Willen, der ein Handlungs-*Kontinuum* hervorbringt. So schreibt auch Hegel: »[…] obgleich der Staat auch durch *Gewalt entstehen* kann, so beruht er doch nicht auf ihr […]. Im Staate sind der Geist des Volkes, die Sitte, das Gesetz das Herrschende.«[19] Die Macht des *Geistes* besteht für Hegel darin, ein *Wir*, eine Gemeinsamkeit, eine Kontinuität des All-*gemeinen* zu generieren. *Geist ist Macht*, insofern er ein emphatisches *Zusammen* stiftet, dem eine Entschlossenheit zu *sich* zugrunde liegt. Der Gewalt fehlt gerade diese Macht der Vermittlung, nämlich der *Geist*. Allein die Macht kann das Politische hervorbringen.

Hannah Arendt ist sich wohl der Räumlichkeit der Macht bewußt, wenn sie schreibt: »Was niemals aus den Gewehrläufen kommt, ist Macht.«[20] Der Enge des Gewehrlaufes entspringt kein Raum. Er ist im Grunde ein sehr einsamer Ort. Raumschaffend, machterzeugend ist dagegen die Legitimation durch Andere. Die Wendung »gewaltlose Macht« wäre demnach kein Oxymoron, sondern ein Pleonasmus.[21] Ein Einzelner kann wohl eine Kraft oder eine Stärke besitzen. Aber er kann nie *allein* die Macht hervorbringen. Arendt führt

---

19 Hegel, *Enzyklopädie der philosophischen Wissenschaften III*, in: *Werke*, Bd. 10, S. 221.

20 Hannah Arendt, *Macht und Gewalt*, München 1970, S. 54.

21 Der junge Nietzsche verfehlt das Wesen der Macht, wenn er schreibt: »Die Gewalt giebt das erste Recht, und es giebt kein Recht, das nicht in seinem Fundament Anmaßung, Usurpation, Gewaltthat ist« (Nietzsche, *Nachgelassene Schriften 1870–1873*, KSA 1, S. 770).

die Macht aufs Mitsein als solches zurück: »Macht entsteht, wann immer Menschen sich zusammentun und gemeinsam handeln, ihre Legitimität beruht nicht auf den Zielen und Zwecken, die eine Gruppe sich jeweils setzt; sie stammt aus dem Machtursprung, der mit der Gründung der Gruppe zusammenfällt.«[22] Auch für Arendt ist die Macht ein Phänomen des Kontinuums. Das Politische setzt ein Handlungskontinuum voraus.

Auch Arendts Begriff »Erscheinungsraum« bringt den Raumcharakter der Macht zur Sprache. Die *Polis* ist Arendt zufolge das »räumliche Zwischen«, der »Erscheinungsraum«, »der als ein Zwischen jedesmal aufleuchtet, wenn Menschen handelnd und sprechend beieinander sind«,[23] ein Raum des Mitseins, »der dadurch entsteht, daß Menschen voreinander erscheinen, und in dem sie nicht nur vorhanden sind wie andere belebte oder leblose Dinge, sondern ausdrücklich in Erscheinung treten«.[24] Der Erscheinungsraum ist ein Raum, der beim Miteinanderhandeln und -sprechen sich lichtet. Arendt führt die Macht und den Erscheinungsraum unmittelbar zusammen: »Macht ist, was den öffentlichen Bereich, den potentiellen Erscheinungsraum zwischen Handelnden und Sprechenden, überhaupt ins Dasein ruft und am Dasein erhält.«[25] Die Macht ist das Licht, das jenen *politischen Raum* hervorscheinen läßt, wo das Miteinanderhandeln und -sprechen stattfindet.

---

22 Arendt, *Macht und Gewalt*, S. 53.
23 Hannah Arendt, *Vita activa oder Vom tätigen Leben*, München 1981, S. 199.
24 Ebd., S. 192.
25 Ebd., S. 194.

Arendt gebraucht den Begriff »Macht« sehr emphatisch und positiv. So spricht sie vom »Glanz, der der Macht eigen ist, weil sie dem Erscheinen und dem Scheinen selbst dient«,[26] oder von der »Helle des durch Macht gestifteten Öffentlichen«.[27] Erscheinen ist mehr als Dasein. Es ist *Wirken* im emphatischen Sinne. So erzeugt allein die Macht übers »Lebensgefühl«[28] hinaus ein »Wirklichkeitsgefühl«.

Diesen gewiß »kommunikativ« zu nennenden Machtbegriff kann Habermas nur begrüßen. Arendt zitierend erhebt er die kommunikative Herstellung eines gemeinsamen Willens zum Grundphänomen der Macht: »Hannah Arendt geht von einem anderen, dem kommunikativen Handlungsmodell aus: ›Macht entspringt der menschlichen Fähigkeit, nicht nur zu handeln oder etwas zu tun, sondern sich mit anderen zusammenzuschließen und im Einvernehmen mit ihnen zu handeln.‹ Das Grundphänomen der Macht ist nicht die Instrumentalisierung eines fremden Willens für eigene Zwecke, sondern die Formierung eines gemeinsamen Willens in einer auf Verständigung gerichte-

---

26 Ebd., S. 199.
27 Ebd., S. 201.
28 Ebd., S. 192. Jener Hegelsche Knecht, der aus Angst vor dem Tod, d. h. aus Sorge ums bloße Leben, dem Machtkampf doch ausweicht, vermöchte Arendt zufolge das »Wirklichkeitsgefühl« nicht zu erlangen. Er zieht ihm das »Lebensgefühl« vor. Der Herr dagegen, dem die Macht wichtiger ist als das Nur-Leben, setzt sich der Gefahr des Todes aus, wagt das Leben. Der Kampf um Macht und Anerkennung eröffnet jenen »Erscheinungsraum«, in dem die Menschen nicht nur vorhanden sind wie Dinge, sondern ausdrücklich voreinander erscheinen. Für Arendt begänne hier das Politische. Nicht die Angst vor dem Tod, sondern die Freiheit zum Tod stiftet die Wirklichkeit des Politischen.

ten Kommunikation.«[29] Die Macht entspringt dem Zwischen: »Macht besitzt eigentlich niemand, sie entsteht zwischen Menschen, wenn sie zusammen handeln, und sie verschwindet, sobald sie sich wieder zerstreuen.«[30]

Arendts Machttheorie setzt tatsächlich auf einer sehr formalen Ebene an. Die Macht setzt den Erscheinungsraum überhaupt, ja das Wirklichkeitsgefühl überhaupt frei. Wo die Menschen zusammen handeln, *ist* die Macht. Das Politische wird auf dieses machterzeugende Zusammenhandeln gegründet. Dieser recht formale oder abstrakte Machtbegriff hat sicher einen eigenen Reiz. Die Frage ist aber, ob sich die Macht tatsächlich aufs Zusammenhandeln als solches zurückführen läßt oder ob *etwas hinzukommen* muß, damit der Erscheinungsraum zum *Machtraum* wird.

Folgte man dem kommunikativen Modell der Macht konsequent, so wäre die höchste Form der Macht eine vollkommene Eintracht, in der sich *Alle* zu einer gemeinsamen Handlung zusammenschlössen. Arendts Definition der äußersten Form der Macht lautet aber anders: »Der Extremfall der Macht ist gegeben in der Konstellation: Alle gegen Einen, der Extremfall der Gewalt in der Konstellation: Einer gegen Alle.«[31] Einleuchtend ist wohl die Definition des Extremfalls der Gewalt: »Einer gegen Alle«. Die Gewalt ist ja ein *einsamer* Akt. Sie kann sich nicht an die Zustimmung durch Andere anlehnen. Ihr Gegenpol, nämlich der

---

29 Jürgen Habermas, *Philosophisch-politische Profile*, erw. Ausg., Frankfurt a. M. 1981, S. 229 f.

30 Ebd., S. 238.

31 Arendt, *Macht und Gewalt*, S. 43.

Extremfall der Macht wäre dann: Alle sind einig.
Arendts Definition des Extremfalls der Macht heißt
aber: »Alle gegen Einen«. Warum dieses »gegen«? Inwiefern braucht der Extremfall der Macht, der der
Übereinstimmung von Allen entspringen müßte, noch
ein »gegen« oder den »Einen«, gegen den Alle sind?
Was verrät diese Definitionsunschärfe? Auf welche
zentrale Eigenschaft der Macht verweist dieses »gegen«, das sich in die Definition der Macht einge-
schlichen hat? Dieses »gegen« ist wohl ein indirekter
Hinweis darauf, daß die Macht primär kein Phänomen
des Zusammen, sondern das des Selbst ist, daß jedem
Machtgebilde eine Subjektivität, eine Entschlossenheit
zu *sich* innewohnt, die allerdings nur im Falle eines
Gegen innerhalb oder außerhalb des Machtgebildes eigens in Erscheinung träte. Das Selbst ist hier abstrakt
gemeint. Es bezeichnet nicht bloß das Selbst eines
menschlichen Individuums, sondern das Subjekt des
Sich-Wollens oder der Rückkehr-zu-*sich*, das auch einer Gruppe innewohnt.

In dem Moment, in dem ein Kollektiv sich gemeinsam zu einer Handlung entschließt, bildet sich ein ge-
meinsames Selbst, das *sich* will, das zu *sich* entschlossen ist. Diese Subjektivität, diese Entschlossenheit zu
sich wird vor allem in dem Moment eigens sichtbar, in
dem »Einer« sich gegen das Kollektiv stellt. Die Macht
des Kollektivs *beruht* zwar nicht auf diesem *einen* Gegen. Aber wo ein Gegen das Ganze negativ berührt,
manifestiert dies eigens seine Entschlossenheit zu sich,
nämlich sein Selbst, das jedem Machtgebilde, d. h. nicht
nur einem individuellen Machthaber, sondern auch einem Kollektiv eigen ist. Im Falle eines entschlossenen

Gegen findet wie in einem Ausnahmefall eine *Kontraktion der Macht zu sich* statt, die *sich* erhalten will. Die Entschlossenheit zu sich beruht auf einem Willen zu sich. Ohne diesen Willen zu sich entsteht kein Machtgebilde. Eine minimale Subjektivität, die *sich wiederholt*, muß man jeder Form der Macht zugrunde legen. Sie verwandelt den Seinsraum erst in einen Machtraum.

Arendts Machttheorie geht vom Zusammenhandeln als solchem aus. Aber sie bleibt nicht auf dieser synergetisch-kommunikativen Ebene. Vielmehr wechselt sie auf eine strategisch-polemologische Ebene, ohne daß dieser Übergang theoretisch plausibel gemacht wird. So taucht in der Definition des Extremfalls der Macht ein *Gegen* auf, das nicht aufs Zusammenhandeln als solches zurückzuführen ist. Arendts Beispiele der Macht tragen allesamt einen strategisch-polemologischen Charakter. Sie verweisen auf ein anderes konstitutives Element des Politischen. Das Politische läßt sich nämlich nicht aufs Zusammenhandeln reduzieren.

In seiner Arendt-Lektüre ignoriert Habermas die inneren Brüche des Arendtschen Machtbegriffs. Er reduziert ihn auf sein kommunikatives Moment. Habermas glaubt, die Idee der kommunikativen Macht aus jenem Wort Arendts herauslesen zu können: »Macht besitzt aber eigentlich niemand, sie entsteht zwischen Menschen, wenn sie zusammen handeln, und sie verschwindet, sobald sie sich wieder zerstreuen.« Die Zeilen aber, die unmittelbar auf dieses Wort folgen, unterschlägt Habermas ganz. Sie lauten: »Eine zahlenmäßig kleine, aber durchorganisierte Gruppe von Menschen kann auf unabsehbare Zeiten große Reiche und zahllose Menschen beherrschen, und es ist historisch nicht allzu selten, daß kleine und arme Völker den Sieg über große und reiche Nationen davontragen. [...] Die Macht der Wenigen kann sich wohl unter Umständen der Macht von Vielen als überlegen erweisen.«[32] Zusammenhandeln ist demnach, gerade diese Lehre wäre daraus zu ziehen gewesen, ein strategisches, d. h. erfolgsorientiertes Handeln. Dies macht die Organisation und Strategie notwendig. Allein vermittels einer effektiven Organisation, einer guten Strategie kann eine zahlenmäßig kleinere Gruppe mächtiger sein als eine größere Gruppe.

Daß sich die Macht nicht allein auf Kommunikation und Verständigung gründen läßt, wird auch an anderen Beispielen deutlich, die Arendt anführt, um die Macht von der Gewalt abzuheben: »Selbst das despotischste Regime, das wir kennen, die Herrschaft über Sklaven, die ihre Herren an Zahl immer übertrafen, beruhte nicht auf der Überlegenheit der Gewaltmittel als solchen, sondern auf der überlegenen Organisation der Skavenhalter, die miteinander solidarisch waren, also auf Macht.«[33] Hier kann also nicht von der kommunikativen Macht die Rede sein. Gerade die ›Meinung‹ der Sklaven allein erzeugt keine Macht angesichts der Organisation, der Strategie der Herrschenden. Die Sklaven konnten sich nicht organisieren, keine Strategie entwickeln. Die Macht der Sklavenhalter ist die Übermacht einer Gruppe, die sich einer »überlegenen Organisation«, d. h. einer effektiven Strategie verdankt. Sie ist keine verständigungsorientierte *kommunikati-*

---

32 Arendt, *Vita activa*, S. 194.
33 Arendt, *Macht und Gewalt*, S. 51.

ve Macht, sondern eine erfolgsorientierte *kollektive* Macht.[34] Habermas dagegen nivelliert die kollektive Macht zu einem Effekt verständigungsorientierter Kommunikation: »Hannah Arendt löst den Begriff der Macht vom teleologischen Handlungsmodell: Macht bildet sich im kommunikativen Handeln, sie ist ein Gruppeneffekt der Rede, in der für alle Beteiligten Verständigung Selbstzweck ist.«[35] Wäre die Verständigung tatsächlich der einzige Zweck, der Selbstzweck, so bildete sich kein Machtraum.

Arendt verbindet die Macht immer wieder, wahrscheinlich auch gegen ihre eigentliche Absicht, mit der Organisation und Strategie: »So hat auch innenpolitisch die Gewalt immer die Funktion eines äußersten Machtmittels gegen Verbrecher oder Rebellen, das heißt ge-

---

34 Lange schon vor Arendt vertrat Paul Tillich die These, daß die Macht auf einem kollektiven Handlungsentwurf beruht. Vgl. P. T., »Die sozialistische Entscheidung«, in: *Gesammelte Werke*, Bd. 2: *Christentum und soziale Gestaltung. Frühe Schriften zum Religiösen Sozialismus*, Stuttgart 1962, S. 219–365, hier: S. 342 f.: »Welches ist der tragende Grund der Macht? – Die Möglichkeit gesellschaftlicher Macht ist darin begründet, daß ein einheitlicher Wille in der Gesellschaft geschaffen werden muß. Ein einheitlicher Wille aber kommt auf keine andere Weise zustande als durch eine tragende Gruppe oder von ihr herausgestellte Einzelpersönlichkeiten, die die Einheit zugleich repräsentieren und durchsetzen. *Macht ist also die verwirklichte gesellschaftliche Einheit.*« Auch Hobbes kennt die Mächtigkeit der kollektiven Macht. Vgl. Hobbes, *Leviathan*, S. 69: »Die größte menschliche Macht ist jene, die, aus der Macht der meisten Menschen zusammengesetzt, durch Übereinstimmung in einer natürlichen oder staatlichen Person vereinigt ist, der deren gesamte von ihrem Willen abhängige Macht zur Verfügung steht, wie die Macht eines Gemeinwesens; oder die vom Willen jedes einzelnen abhängige Macht, wie die Macht einer Partei oder verschiedener verbündeter Parteien.«

35 Habermas, *Philosophisch-politische Profile*, S. 231.

[Handschriftliche Randnotizen: »Probl. bei Habermas«, »Macht«, »Macht Org. u. Strategie«]

gen Einzelne oder verschwindende Minderheiten, die sich weigern, sich von der geschlossenen Meinung der Mehrheit überwältigen zu lassen. Es ist normalerweise die Übermacht dieser Mehrheit und ihrer ›Meinung‹, die die Polizei beauftragt bzw. ermächtigt, mit Gewalt gegen die vorzugehen, die sich ihrem Machtspruch entziehen. Und selbst im Kriegsfall, wo doch nun wirklich die nackte Gewalt das letzte Wort zu haben scheint, kann es geschehen, daß eine enorme Überlegenheit an Machtmitteln wirkungslos bleibt, wenn sie einem zwar schlecht ausgerüsteten, aber gut organisierten und deshalb viel mächtigeren Gegner gegenübersteht – wie wir es in Vietnam sehen.«[36] Dieser Passus weist, wie oft bei Arendt, eine argumentative Unschärfe auf. Zunächst spricht sie von der Staatsgewalt, die auf der Macht der »geschlossenen Meinung der Mehrheit« beruht. Dann wechselt sie unvermittelt vom Rechtsstaat zum Krieg, d. h. von der Staatsgewalt zur instrumentalen Gewalt im Krieg, die sie dann von der Macht der ›Meinung‹ unterschieden haben möchte. Aber sie hebt an dieser Stelle wieder die positive Wechselwirkung zwischen Macht und *Organisation* hervor. Diese Macht der Organisation läßt sich nicht einfach auf die Macht der ›Meinung‹ reduzieren. Sie hat eine strategische Qualität.

Fixiert auf die kommunikative Macht sieht auch Habermas diese Nähe zwischen Macht und Strategie nicht: »Auch für Hannah Arendt ist strategisches Handeln unpolitisch […]. Beim Kriegshandwerk geht es sinnfäl-

---

36 Arendt, *Macht und Gewalt*, S. 52. Auch an dieser Stelle wird deutlich, daß der Arendtschen Ausführung eine argumentative Stringenz fehlt. Arendt wechselt oft assoziativ oder willkürlich die Argumentationsebenen. Dieser Wechsel erzeugt eine Begriffsunschärfe.

lig um den kalkulierten Einsatz von Gewaltmitteln, sei
es zum Zweck der Drohung oder zur physischen Überwältigung des Gegners. Die Akkumulation von Ver-
nichtungsmitteln macht aber die Supermächte nicht
mächtiger – militärische Stärke ist oft genug (wie der
Vietnam-Krieg gezeigt hat) das Gegenstück zu innerer
Ohnmacht. Außerdem ist das Beispiel der Strategie
dazu angetan, strategisches Handeln unter instrumentelles Handeln zu subsumieren. [...] Und da die zweck-
rationale Verwendung militärischer Mittel dieselbe
Struktur zu haben scheint wie die Handhabung von
Instrumenten bei der Herstellung von Gegenständen
oder der Bearbeitung der Natur, setzt Hannah Arendt
strategisches Handeln kurzerhand mit dem instrumentellen gleich. An der Kriegsführung zeigt sie: strategisches Handeln ist sowohl gewaltsam wie instrumentell;
ein Handeln dieses Typs steht außerhalb des Bereichs
des Politischen.«[37] In ihrem Beispiel denkt Arendt den
Krieg auch *politisch*. Zum Politischen gehört das Strategische, das aber mit dem Instrumentellen nicht identisch sein muß. Habermas behauptet dagegen, Arendt
setze das strategische Handeln »kurzerhand« mit dem
instrumentellen gleich. Dies war ja bei Arendt gerade
nicht der Fall. Ihre Beispiele zeigen im Gegenteil, daß
das strategische Handeln *nicht* unter instrumentelles
Handeln subsumiert werden kann. Worauf will Habermas den Sieg der Vietnamesen zurückführen? Worin
besteht ihre Macht? Arendt gründet ihren Erfolg auf
die bessere Organisation. Sie sind zwar »schlecht aus-
gerüstet«, aber »gut organisiert«. So hat ihr Erfolg *auch*

---

37 Habermas, *Philosophisch-poetische Profile*, S. 241.

einen strategischen Charakter. Es geht eben um einen
Krieg. Habermas will dagegen sowohl das Strategische
als auch das Instrumentelle von der kommunikativen
Macht abkoppeln. Die kommunikative Macht allein
führt aber nie zum Sieg. Das Beispiel des Vietnam-
Krieges veranschaulicht gerade einen Sieg, der ein stra-
tegischer Sieg war. Problematisch ist Habermas' strikte
Trennung zwischen kommunikativer Macht und in-
strumenteller Gewalt. Nicht wahrgenommen werden
dadurch jene *strategischen Zwischenräume*, die das Politische bewohnt.

Das »Grundphänomen der Macht« ist Habermas zufolge die »Formierung eines gemeinsamen Willens in
einer auf Verständigung gerichteten Kommunikation«.
Dieses Konsensmodell reduziert aber stark das Machtgeschehen. Habermas erhebt *einen* Aspekt der Macht
zum »Grundphänomen der Macht«. Das asymmetrische Verhältnis zwischen dem Befehls- und dem Ge-
horsamssubjekt ist ja *auch* ein Machtverhältnis, das
aber nicht auf der auf Verständigung gerichteten Kommunikation gründet. Die Macht in einer Zweierbeziehung richtet sich gerade gegen diese Kommunikation.
Sie ist eher *verkündend*. Dem Bedürfnis dagegen, gemeinsam mit dem Anderen zu handeln, liegt nicht notwendig ein Machtbedürfnis zugrunde.

Habermas' kommunikatives Modell der Macht blen-
det die strategisch-polemologische Dimension der
Macht aus. Die Machttheorie dagegen, die sich nur am
Kampf orientiert,[38] verfehlt jene kommunikative oder

---

38 Auch Honneth nimmt die Macht nur auf die Herrschaft und den
sozialen Kampf hin wahr. Dadurch verfehlt er die konstitutive
Dimension der Macht. Vgl. Honneth, *Kritik der Macht*.

kollektive Dimension der Macht, die auf dem Zusammenhandeln, auf der Bildung eines gemeinsamen Willens, eines kollektiven Selbst beruht. Es ist nicht besonders ergiebig, bald den Kampf, bald den Konsens zum
»Grundphänomen der Macht« zu erklären. Sinnvoller
wäre es, sowohl das Konsens- als auch das Kampfmodell als *unterschiedliche Ausprägungen der einen Macht*
darzustellen. Notwendig ist also ein Erklärungsmodell,
das *sowohl* die »Instrumentalisierung eines fremden
Willens für eigene Zwecke« *als auch* die »Formierung
eines gemeinsamen Willens in einer auf Verständigung
gerichteten Kommunikation« als unterschiedliche Formen der Macht erscheinen ließe.

Subjektivität und *Kontinuität* oder *Selbst* und *Kontinuum* sind zwei Strukturmomente, die durch alle
Machtmodelle hindurch konstant bleiben. Die Macht
ist das Vermögen *Egos, sich* in *Alter* zu *kontinuieren.*
Sie stiftet ein *Kontinuum des Selbst,* in dem *Ego* unge-
brochen bei sich selbst ist. Auch das politische Machtgebilde wie z. B. der Staat ist ein *Kontinuum,* das eine
übergreifende Ordnung generiert. Es weist ebenfalls
eine Subjektivitätsstruktur auf. Das Kollektiv tritt ja als
ein *Selbst* auf. Es erhält oder behauptet *sich.* Figuren
wie Staatsoberhaupt oder Souverän machen seine Subjektivitätsstruktur augenscheinlich.

Sowohl das Kampfmodell als auch das Kollektiv-
bzw. Konsensmodell der Macht beruhen auf den ge-
nannten Strukturmomenten der Macht. Der gemeinsame Entschluß oder die »Übereinstimmung vieler
Willensimpulse und Intentionen«[39] erzeugt ein *Hand-*

39 Arendt, *Vita activa*, S. 195.

lungskontinuum, das von einem *kollektiven Selbst* getragen wird. Auch die Machtbeziehung, der ein Kampf
zugrunde liegt, weist die beiden Strukturmomente auf.
Der Sieger kontinuiert *sich* in den Unterlegenen. So
bleibt er in dem besiegten Anderen bei *sich selbst*. Die
Macht verschafft ihm also ein *Kontinuum des Selbst. Im
Hinblick auf* jene Strukturmomente der Macht sind das
Kampf- und das Konsensmodell nicht mehr einander
entgegengesetzt. Keines der beiden Machtmodelle erscheint aber in reiner Form. Der Kampf setzt z. B.,
falls er zwischen Gruppen stattfindet, ein entschlosse-
nes Zusammenhandeln der Mitglieder der jeweiligen
Gruppe voraus. Es gibt andererseits kein Zusammenhandeln, das ganz frei vom polemologischen oder strategischen Handeln wäre. Schon die Pluralität des Willens überformt die Kommunikation strategisch.

Nachdem Habermas die Macht als »Gruppeneffekt«
des verständigungsorientierten kommunikativen Handelns säuberlich vom strategischen Handeln getrennt
hat, versucht er dies wieder ins Politische einzuführen.
Die Erweiterung des Politischen ums strategische Handeln soll der kommunikativen Erzeugung der Macht
eine »realistische Version«[40] geben: »Der Begriff des
Politischen muß sich auch auf den strategischen Wett-
bewerb um politische Macht und auf die Verwendung
der Macht im politischen System erstrecken. Politik
kann nicht, wie bei Hannah Arendt, mit der Praxis derer, die miteinander reden, um gemeinschaftlich zu handeln, identisch sein. Umgekehrt engt die herrschende
Theorie diesen Begriff auf Phänomene der Machtkon-

40 Habermas, *Philosophisch-politische Profile*, S. 246.

kurrenz und der Machtallokation ein und wird dem ei-
gentümlichen Phänomen der Machterzeugung nicht gerecht.«[41] Habermas will zwar den Kampf um die
Macht ins Politische integriert wissen. Da er aber das
Positive der Macht ausschließlich im kommunikativen
Handeln erblickt, betrachtet er das strategische, macht-
orientierte Handeln problematischerweise als Quelle
einer Gewalt, die die Kommunikation unterdrückt:
»Gleichwohl können wir das Element strategischen
Handelns aus dem Begriff des Politischen nicht ausschließen. Wir wollen die über strategisches Handeln
ausgeübte Gewalt als die Fähigkeit verstehen, andere
Individuen oder Gruppen daran zu hindern, ihre Interessen wahrzunehmen. In diesem Sinne hat Gewalt
immer zu den Mitteln des Machterwerbs und der Be-
hauptung eines Machtbesitzes gehört.«[42] Diese über
strategisches Handeln ausgeübte Gewalt ist allerdings
keine offene Gewalt, sondern eine Gewalt, die sich sogar als legitime Macht zu verkleiden weiß. Habermas
nennt sie die »strukturelle Gewalt«, die unauffällig
»Kommunikationssperren« errichtet: »Strukturelle Gewalt manifestiert sich nicht *als Gewalt*, sie blockiert
vielmehr unbemerkt jene Kommunikationen, in denen
sich legitimationswirksame Überzeugungen bilden und

---

41 Ebd., S. 245 f.
42 Ebd., S. 242 f. Die abstrakte Idee des Konsenses läßt jede Abweichung von diesem als Gewalt erscheinen. Schon in den siebziger
   Jahren schreibt Habermas: »Soweit Normen verallgemeinerungsfähige Interessen ausdrücken, beruhen sie auf einem vernünftigen
   Konsensus [...]. Sofern Normen nicht verallgemeinerungsfähige Interessen regeln, beruhen sie auf Gewalt [sic!]; wir sprechen dann
   von normativer Macht« (Jürgen Habermas, *Legitimationsprobleme
   im Spätkapitalismus*, Frankfurt a. M. 1973, S. 153).

fortpflanzen. [...] sie kann plausibel machen, wie sich Überzeugungen bilden, mit denen sich die Subjekte über sich und ihre Lage täuschen. [...] In systematisch eingeschränkten Kommunikationen bilden die Beteiligten subjektiv zwanglos Überzeugungen, die aber illusionär sind; damit erzeugen sie kommunikativ eine Macht, die, sobald sie institutionalisiert wird, auch gegen die Beteiligten selbst gewendet werden kann.«[43]

Die Vorstellung eines rein verständigungsorientierten Handelns oder einer unversehrten, unverzerrten Kommunikation läßt jede soziale Asymmetrie als Gewalt erscheinen. Der abstrakten Idee einer nur kommunikativ erzeugten Macht kann nicht dadurch eine »realistische Version« gegeben werden, daß man sie um die *genauso abstrakte* Idee einer Gewalt erweitert, die dem strategischen Handeln als solchem anzuhaften scheint. Viel realistischer ist die Idee einer Kommunikation, die *immer schon* strategisch ist. Demnach wäre das strategische Handeln nicht die Quelle einer »Gewalt«, sondern ein *konstitutives Moment der Macht*, die also nie rein kommunikativ oder verständigungsorientiert sein kann.

Erst die Annahme eines kommunikativen Handelns, das gleichzeitig strategisch ist, schafft eine »realistische Version« der Macht. Sie führt zu einem flexiblen Begriff der Macht, die sich *je nach der inneren Vermittlungsstruktur* verschieden ausprägt. Asymmetrische Verhältnisse entspringen dann nicht der Gewalt, sondern einer vermittlungsarmen Machtform. Die Gewalt bezeichnet nur eine besondere Konstellation, in der die Vermittlung auf Null reduziert ist. Aufgrund

43 Habermas, *Philosophisch-politische* Profile, S. 246 f.

dieser Vermittlungslosigkeit nimmt die Gewalt den
Kommunikationsteilnehmern *jedes Gefühl der Freiheit*. Eine Machtkonstellation, in der der Machtunterworfene in die Herrschaft des Anderen voll einwilligt,
ist, selbst wenn sie eine starke Asymmetrie erzeugt,
kein Gewaltverhältnis.

Im Gegensatz zur Gewalt schließt die Macht nicht
das Gefühl der Freiheit aus. Sie produziert es sogar bewußt, um sich zu stabilisieren. Die Ideologien oder Le-
gitimationserzählungen, die über die Kanäle der Kommunikation ein asymmetrisches Verhältnis festschrei-
ben, wären noch auf der Ebene der Macht anzusiedeln.
Die Gewalt ist nie *narrativ*. Mit jeder kleinsten Erzäh-
lung, die doch ein Versuch der Vermittlung ist, beginnt
die Macht.

Die Politik ist mehr als ein Kampf um die zu einem
an sich positiven Gut materialisierte Macht. In dieser
Hinsicht geht sie über die ›Machtpolitik‹ hinaus. Das
Politische erschöpft sich aber ebensowenig im Zusammenhandeln als solchem. Die politische Praxis im emphatischen Sinne ist vielmehr die aktive Gestaltung
oder Beeinflussung des Zusammenhandelns,[44] die aber

---

44 Alle Versuche der politischen Führung, Entscheidungsräume zu er-
schließen und dadurch Macht zu erzeugen, wären für Habermas
verdächtig. Arendt beipflichtend schreibt er: »Aus systemtheoreti-
scher Perspektive erscheint also Machterzeugung als ein Problem,
welches dadurch gelöst werden kann, daß die politische Führung
auf den Willen der Bevölkerung verstärkt Einfluß nimmt. Soweit
das mit Mitteln psychischen Zwangs, mit Überredung und Mani-
pulation geschieht, handelt es sich [...] um eine Steigerung von Gewalt, aber nicht um einen Machtzuwachs des politischen Systems.
Denn Macht kann [...] nur in Strukturen zwangloser Kommunikation entstehen; sie kann nicht ›von oben‹ generiert werden« (ebd.,
S. 245).

keiner bloß verständigungsorientierten Kommunikation, sondern der Durchsetzung von Interessen oder Werten dient. Politik ist insofern immer *Machtpolitik*, als die politische Kommunikation vom strategischen Handeln nicht abzukoppeln ist. Das bloß verständigungsorientierte Sein ist nicht nur in politischer, sondern auch in anthropologischer, ja ontologischer Hinsicht eine Abstraktion. Nicht der Konsens, sondern der *Kompromiß* als *Machtausgleich* macht das politische Handeln aus. *Compromittere* heißt: die Entscheidung einer Sache dem Ausspruch eines Schiedsrichters überlassen. Die Politik ist also eine Praxis der *Macht und Entscheidung*.

Ethik der Macht

In *Der Nomos der Erde* macht Carl Schmitt auf die rechtsbegründende Kraft des Bodens, auf den »terranen« Ursprung des Rechts aufmerksam. Die »Landnahme« sei der »Ur-Typus eines konstituierenden Rechtsvorganges«. Sie begründe »die raumhafte Anfangsordnung, den Ursprung aller weiteren konkreten Ordnung und allen weiteren Rechts«.[1] Die Inbesitznahme des Landes eröffnet also den Rechts-*Raum überhaupt*, macht die Erde erst zu einem *Ort*. Ordnung ist, so Schmitt, »*Ortung*«.[2]

In *Unterwegs zur Sprache* weist auch Heidegger auf eine *Ortung* hin: »Ursprünglich bedeutet der Name ›Ort‹ die Spitze des Speers. In ihr läuft alles zusammen. Der Ort versammelt zu sich ins Höchste und Äußerste.«[3] Der Ort stiftet eine Ordnung, einen »*nomos*«,[4] der alles, was *ist*, trägt und bindet und ihm einen Halt, einen Aufenthalt gibt. Der Ort ortet dabei ohne jede Gewalt. Das »Versammelte« wird keinem Zwang unterworfen. Eine intensive Vermittlung zeichnet Heideggers Ort aus. Der Ort »durchscheint« und »durchleuchtet« das Versammelte, läßt diesem erst das *Eigene*

1 Carl Schmitt, *Der Nomos der Erde im Völkerrecht des Jus Publicum Europaeum*, Berlin 1950, S. 19.
2 Auch Tillich stellt die Abhängigkeit der Macht vom Raum fest: »Seinsmächtigkeit ist die Macht, einen Raum zu haben. Daher kommen die Kämpfe aller sozialen Gruppen um den Raum. Das ist der Grund für die ungeheure Wichtigkeit des geographischen Raumes und für den Streit um den Besitz geographischen Raumes in allen Machtgruppen« (Tillich, »Die Philosophie der Macht«, S. 229).
3 Martin Heidegger, *Unterwegs zur Sprache*, Pfullingen 1959, S. 37.
4 Martin Heidegger, *Wegmarken*, Frankfurt a. M. 1967, S. 191.

angedeihen. Er »versammelt zu sich« deshalb »ins Höchste und Äußerste«, weil er das Versammelte nicht unterdrückt, sondern »erst in sein Wesen entläßt«.

Heidegger denkt interessanterweise nicht weiter über die Morphologie des Ortes nach. Der Ort bedeutet die *Spitze* des *Speers*. Die *Spitze* besagt, daß der Ort *zentriert* ist. Der Ort »holt« alles zu *sich* »ein«. Er ist also *ipsozentrisch* strukturiert. Die Spitze des Speers ist außerdem alles andere als *freundlich*. Von ihr können Gewalt und Zwang ausgehen. Diese Möglichkeit der Repression und Herrschaft zieht Heidegger nicht in Erwägung. Er nimmt die *Spitze* nur auf die Möglichkeit einer *höchsten Vermittlung* hin wahr. Ist der Ort aber sehr arm an Vermittlung, so äußert sich die Spitze des Speers als Zwang und Unterdrückung.

Die Ortung bringt Heidegger nicht mit der Macht in Verbindung.[5] Die Morphologie des Ortes läßt aber die Möglichkeit zu, die Ortung eigens als ein Geschehen der Macht zu interpretieren. Der Ort »versammelt zu *sich*«, »holt zu *sich* ein«. Alle Kräfte laufen in der Spitze zusammen, bilden ein *Kontinuum*. Der Grundzug des Ortes ist der Zug zu *sich*. Alles zu sich einholend bzw. versammelnd bildet er ein *ipsozentrisches Kontinuum*.

---

5 Heidegger setzt sich zwar zum Ziel, die Macht »metaphysisch zu erfragen in ihrem Wesen« (Martin Heidegger, *Die Geschichte des Seyns*, in: M. H., *Gesamtausgabe*, Bd. 69, hrsg. von Peter Trawny, Frankfurt a. M. 1998, S. 66). Aber er nimmt die Macht nur in der negativen Gestalt der »Machenschaft« wahr. Er erkennt ihr keine Positivität zu. So wird ihr das »Macht-Unbedürftige« (ebd., S. 70) entgegengesetzt. Jener »*nomos*«, der kein »Gemächte menschlicher Vernunft« wäre, der aber die »Erfahrung des Haltbaren«, den »Halt für alles Verhalten« (Heidegger, *Wegmarken*, S. 191) gewährte, bedürfte demnach keiner Macht. So bleibt Heidegger der Zusammenhang zwischen Versammlung, *logos* und Macht verborgen.

Der Zug zu *sich* und die Bildung eines Kontinuums
machen die *Ortung* zu einem Geschehen der Macht.
Jene »Spitze des Speers«, in der alles »zusammenläuft«,
verweist auf die *Selbstheit* des Ortes, der *sich* will.
Auch Derrida erkennt, daß die Vorstellung der Selbstheit und die der Macht zusammengehören: »Die Vorstellung von Kraft (*kratos*), Macht und Herrschaft ist
im Begriff der Selbstheit analytisch enthalten.«[6] Auf
dieser Selbstheit beruht auch die Souveränität eines politischen Ortes. Eigentum, Haus (*oikos*) oder Kapital
setzen ebenfalls die Selbstheit des Ortes voraus. Jedes
Machtgebilde ist demnach *ipsozentrisch*.

Der Prozeß der Globalisierung lockert die territo-
riale Bindung der Macht. Transnationale Machtgebilde,
die wie »Quasi-Staaten«[7] auftreten, sind an kein bestimmtes Territorium gebunden. Sie sind nicht *terran*.
Zur Bildung oder Erweiterung der Macht ist hier keine »Landnahme« im klassischen Sinne notwendig. Die
Globalisierung hebelt jedoch die Logik der Ortung
nicht ganz aus. Die Ortung bedeutet ja die Herstellung
eines ipsozentrisch organisierten *Raumes*, der alles
zu *sich* einholt und versammelt. Die transnationalen
Machtgebilde sind zwar aus dem »Käfig des territorialen, nationalstaatlich organisierten Machtspiels« ausgebrochen. Aber sie sind nicht *ortlos*. Sie besetzen neue
Räume, die allerdings an kein nationales Territorium
gebunden sind. Im *Nirgendwo* kann sich keine Macht
etablieren. Im Zuge der Globalisierung gerät vor allem
die Bewegung der Deterritorialisierung ins Blickfeld.

6 Jacques Derrida, *Schurken. Zwei Essays über die Vernunft*, Frankfurt
a. M. 2003, S. 36.
7 Beck, *Macht und Gegenmacht im globalen Zeitalter*, S. 104.

Die Globalisierung generiert aber unterschiedliche Formen der *Re-Ortung*. Darin besteht ihre Dialektik.

Das Geschehen der Macht ist sowohl im territorialen als auch im »digitalen *Raum*«[8] eine *Ortung*. Wird der *Raum* im globalen Zeitalter vor allem *digital erschlossen*, so geschieht auch die Ortung digital. Zur Bildung und Erweiterung der Macht wäre dann eine *digitale Landnahme*, ein *digitaler Raumgewinn* notwendig. Hinsichtlich der Logik der Macht gibt es keinen wesentlichen Unterschied zwischen *terraner* und *digitaler Ortung*.[9] Macht hat hier, wer den digitalen Raum erobert oder beherrscht. Auch der *Markt* ist ein Raum, der durch eine *ökonomische Landnahme* zu besetzen ist. Gekämpft wird um Marktanteile wie um *Räume*. Der globale Markt hat zwar keine *terrane* Bindung mehr. Aber er macht die *Ortung* nicht überflüssig.

8 Vgl. ebd., S. 96: »Es ist insbesondere die Wirtschaft, die eine derartige Meta-Macht entwickelt hat, indem sie aus dem Käfig des territorialen, nationalstaatlich organisierten Machtspiels ausgebrochen ist und sich neue Machtstrategien im digitalen Raum gegenüber den territorial verwurzelten Staaten erobert hat.«

9 Der globale Weltmarkt ist *als solcher* kein Machtgebilde, auch kein diffuses. Er ist zerstreut in eine Vielzahl ökonomischer oder politischer Machtgebilde, was die Bildung eines übergreifenden Machtgebildes unmöglich macht. Eine *gänzlich diffuse* Macht ist keine Macht. Eine totale Zerstreuung bringt ja jede ipsozentrische Intentionalität zum Verschwinden, die für die Etablierung einer Macht notwendig wäre. Beck dagegen hypostasiert die globale Weltwirtschaft zu einer »diffusen Macht, *diffus* deshalb«, so Beck, »weil es um eine anonyme Macht ohne Zentrum, ohne Zurechenbarkeit und ohne klare Verantwortungsstruktur geht« (Beck, *Macht und Gegenmacht*, S. 103). Ein transnationales Unternehmen hingegen stellt ein Machtgebilde dar. Seine dezentralisierte Organisation bedeutet keine strukturelle Diffusion. Es handelt sich vielmehr um eine strategische Streuung. Eine dezentralisierte Organisation kann sogar mehr Macht erzeugen als eine zentralistische.

Auch hier gilt es, *sich* zu positionieren, *sich* zu veror-
ten. Und ›Fusionen‹ oder ›Übernahmen‹ unterscheiden
sich nicht wesentlich von den *Landnahmen*. Sie vergrößern die Macht.

Die Frage nach einer *Ethisierung der Macht* stellt
sich angesichts der Versammlungsstruktur der Macht.
Die Macht ist zentrierend. Sie versammelt alles auf *sich*
und aufs *Eine* hin. Setzt sie ihren Zug zum Einen absolut, wird das Danebenliegende oder das Vielfache *nur*
als das *Aufzuhebende* wahrgenommen. Die Räume, die
sich dem Einen entziehen oder sich ihm widersetzen,
werden dabei zu Ab-Orten *entortet* oder entwertet.
Die Frage ist, ob der Macht *als solcher* die Kraft, ja die
Freundlichkeit innewohnt, die Ab-Orte wieder zu *ver-
orten*.[10] Die Macht verfügt gewiß über die Fähigkeit der
Vermittlung. So schließt sie die Freiheit nicht grundsätzlich aus. Aber die *machtmäßige* Vermittlung hat
eine Grenze.

Die Macht ist *ipsozentrisch*. Der Macht als solcher
wohnt die Selbstheit inne. Jeder politische oder ökonomische Ort strebt zu *sich*, behauptet *sich*. Der Wille

---

10 Vor allem der totalitäre Ort produziert die Ab-Orte, die sich nicht
als solche präsentieren dürfen und nicht als Teil des Ortes anerkannt werden. So sind ›Lager‹ Ab-Orte. Erhebt Agamben aber das
›Lager‹ zur »verborgenen Matrix der Politik, in der wir auch heute
noch leben« (Agamben, *Homer sacer*, S. 185), so erklärt er den Ab-
Ort problematischerweise zum Fundament des Ortes. Der Ort
kann zwar einen Ab-Ort erzeugen. Aber der Ort *beruht* nicht auf
ihm. Ein Ort mit einem hohen Vermittlungsgrad wirkt nicht *entor-
tend*. So setzt auch *Homo liber*, vielleicht der kommende Mensch,
nicht notwendig *Homo sacer* voraus, der ein rechtloser Insasse des
Ab-Ortes wäre. Die Möglichkeit des Ab-Ortes läßt allerdings die
Frage nach einer *Ethisierung des Ortes*, d. h. der Macht wieder entstehen.

zu *sich* ist im Begriff der Macht immer schon enthalten. Ohne dieses ipsozentrische Streben entsteht kein Machtgebilde. Gerade jene »Spitze des Speers« verweist auf diese Selbstheit, die jedem Machtgebilde immanent ist.

Die Absolutheit der Macht besteht in einer *absoluten Immunität*, in einer absoluten Unverletzlichkeit des *Selbst*. So bringt Derrida die Ethisierung der Macht mit einer gewissen »Autoimmunität«[11] in Verbindung, die zu einer Abschwächung der Selbstheit führte. Eine Autoimmunität soll eine Offenheit für jene »Andersheit« hervorbringen, »die von der Selbstheit einer souveränen Macht und eines kalkulierbaren Wissens nicht wieder angeeignet werden kann«.[12] Derridas Wendung der »Autoimmunität« ist jedoch nicht unproblematisch. Sie wäre, führte sie zur totalen Selbstzerstörung, doch ein absolutes Übel. Sie zöge eine Anomie, eine Anarchie, eine totale Auflösung des Ortes oder des Hauses (*oikos*) nach sich. *Ohne Haus* gibt es aber auch keine Gastfreundschaft. Die Ethisierung der Macht verlangt jedoch, daß der Ort über sein ipsozentrisches Streben hinausgeht, daß er nicht nur dem *Einen*, sondern auch dem *Vielfachen* und dem *Danebenliegenden* Räume, ja Aufenthaltsräume gewährt, daß er von einer ursprünglichen Freundlichkeit berührt wird, die dieses Streben, diesen Willen zu *sich* aufhält, ja *verhält*. Von der Freundlichkeit geht eine andere Bewegung aus als von der Macht. Der Macht als solcher fehlt die Offenheit für die Andersheit. Sie neigt zur *Wiederholung des Selbst und Selben*. So wohnt auch dem Kapital, das wie

11 Derrida, *Schurken*, S. 206.
12 Ebd., S. 198.

der Ort auf die Spitze[13] zuläuft, das Streben inne, *sich zu wiederholen* und *sich zu vergrößern*.

Auch bei Foucault sind Ansätze zu einer Ethik der Macht vorhanden. In den achtziger Jahren vertritt er ein Machtkonzept, das von der Idee der Freiheit beherrscht ist. Unwirsch reagiert er, wenn er mit der Frage konfrontiert wird: »Sie sehen überall Macht, also gibt es keinen Platz für die Freiheit.« Foucault erwidert: »Wenn es in jedem gesellschaftlichen Feld Machtbeziehungen gibt, dann deshalb, weil es überall Freiheit gibt.«[14] Foucault versucht die Machtbeziehung nun vom Herrschafts- oder Zwangsverhältnis abzukoppeln,

---

13 Kapital geht wie Kap, Kapitän oder Kapitol aufs lateinische Wort *caput* zurück, das ›Spitze‹ oder ›Haupt‹ bedeutet.

14 Foucault, *Freiheit und Selbstsorge*, S. 20. Festzustellen ist aber, daß Foucaults Machtanalysen weitgehend vom Kampf-Modell beherrscht sind: »Es ist klar, daß alles, was ich im Laufe der letzten Jahre gemacht habe, vom Modell Kampf-Unterdrückung ausging, und dieses habe ich auch bis jetzt anzuwenden versucht, war ich zu überdenken veranlaßt, sowohl weil es in einer ganzen Reihe von Punkten noch unzureichend ausgearbeitet ist als auch weil ich glaube, daß gerade die beiden Begriffe Unterdrückung und Krieg beträchtlich modifiziert, wenn nicht vielleicht sogar aufgegeben werden müssen. Jedenfalls glaube ich, daß man sie genauer reflektieren muß. [...] Die Notwendigkeit, den Begriff der Unterdrückung stärker zu reflektieren, entsteht also daraus, daß ich den Eindruck habe, daß er, der heute so geläufig zur Beschreibung der Machtmechanismen und -wirkungen verwendet wird, für ihre Analyse völlig unzureichend ist« (Foucault, *Dispositive der Macht*, S. 74). Trotz seiner Skepsis gegenüber dem Modell Kampf-Unterdrückung hat Foucault in den siebziger Jahren nicht den Versuch unternommen, die Freiheit zu einem Wesenszug der Macht zu erheben. Die Produktivität der Macht, von der in *Überwachen und Strafen* die Rede war, läßt er wieder in dem »erbitterten Krieg aller gegen alle« untergehen. Der letzte Satz von *Überwachen und Strafen* mündet nicht in die Ahnung einer Freiheit, sondern ins ewige »Donnerrollen der Schlacht«.

indem er sie eng an die Freiheit bindet. Diesem Konzept zufolge setzt die Machtbeziehung nicht einfach deshalb die Freiheit voraus, weil sie erst durch die Unterdrückung der im voraus vorhandenen Freiheit des Anderen entsteht. Vielmehr stellt die Freiheit ein wichtiges, ja tragendes Element der Machtbeziehung selbst dar. Macht wird demnach nur auf ›freie Subjekte‹ ausgeübt. Und diese müssen frei bleiben, damit die Machtbeziehung weiter besteht: »Dort, wo die Determinierungen gesättigt sind, existiert kein Machtverhältnis; die Sklaverei ist kein Machtverhältnis, wenn der Mensch in Eisen gekettet ist (da handelt es sich um ein physisches Zwangsverhältnis), sondern nur dann, wenn er sich bewegen und im Grenzfall entweichen kann. Macht und Freiheit stehen sich also nicht in einem Ausschließungsverhältnis gegenüber (wo immer Macht ausgeübt wird, verschwindet die Freiheit), sondern innerhalb eines sehr viel komplexeren Spiels: in diesem Spiel erscheint die Freiheit sehr wohl als die Existenzbedingung von Macht [...].«[15]

Nicht ganz stringent ist hier Foucaults Argument. Die Sklaverei ist doch, selbst wenn der Sklave in Eisen gekettet ist, ein Machtverhältnis. Er hat immer noch die Möglichkeit, ›Nein‹ zu sagen, d. h. selbst angesichts der Todesdrohung sich zu weigern, dem Herrn zu gehorchen. Insofern ist auch der in Eisen gekettete Sklave frei. Er hat nämlich immer noch die *Wahl* zwischen dem Tod und dem Gehorsam. Nicht erst die Möglich-

15 Michel Foucault, »Das Subjekt und die Macht«, in: *Michel Foucault. Jenseits von Strukturalismus und Hermeneutik*, hrsg. von Hubert L. Dreyfus und Paul Rabinow, Weinheim 1994, S. 241–261, hier: S. 255 f.

keit der Bewegung oder der Flucht, sondern das ›Ja‹ macht die Sklaverei zum Machtverhältnis. Der Herr verliert die Macht dagegen in dem Moment, in dem der Sklave ihm jeden Gehorsam verweigert. Dabei ist es unwichtig, ob der Sklave in Eisen gekettet ist oder die Möglichkeit hat zu fliehen. Die minimale Freiheit, hier die Möglichkeit, ›Nein‹ oder ›Ja‹ zu sagen, ist die Voraussetzung für die Machtbeziehung. Sie legitimiert aber nicht die Annahme, die Macht sei ein »Spiel«.

Im Gegensatz zur reinen Gewalt, die weder ›Ja‹ noch ›Nein‹, d. h. keine *Wahl* zuließe, die den Anderen zu einem absolut passiven Ding[16] machte, enthält die Machtbeziehung gewiß die Möglichkeit des Widerstandes in sich. ›Nein‹ ist eine Form des Widerstandes. Auch der Machtunterworfene, der in einer *freien* Entscheidung dem Machthaber absolut gehorcht, hat *prinzipiell* die Möglichkeit des Widerstandes. Die Macht ist aber da am größten, wo dem Machthaber überhaupt kein Widerstand entgegenschlägt. Nicht nur in der unendlichen Gewalt, sondern auch in der unendlichen Macht findet kein Widerstand statt. So gibt es durchaus ein Machtverhältnis ohne Widerstand. Diese Konstellation erkennt Foucault offenbar nicht. Er orientiert sich am

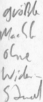

16 Vgl. Foucault, »Das Subjekt und die Macht«, S. 254: »Ein Gewaltverhältnis wirkt auf einen Körper, wirkt auf Dinge ein: es zwingt, beugt, bricht, ist zerstört: es schließt alle Möglichkeiten aus; es bleibt ihm kein anderer Gegenpol als der der Passivität. Und wenn es auf einen Widerstand stößt, hat es keine andere Wahl als diesen niederzuzwingen. Ein Machtverhältnis hingegen errichtet sich auf zwei Elementen, ohne die kein Machtverhältnis zustande kommt: so daß der ›andere‹ (auf den es einwirkt) als Subjekt des Handelns bis zuletzt anerkannt und erhalten bleibt und sich vor dem Machtverhältnis ein ganzes Feld von möglichen Antworten, Reaktionen, Wirkungen, Erfindungen eröffnet.«

Paradigma des Kampfes. Dies nimmt nun die Gestalt eines Wettkampfes an: »Denn wenn es stimmt, daß es im Kern der Machtverhältnisse und als deren ständige Existenzbedingung das Aufbegehren und die widerspenstigen Freiheiten gibt, dann gibt es kein Machtverhältnis ohne Widerstand, ohne Ausweg oder Flucht, ohne eventuelle Umkehrung«.[17]

Der Macht wohnt nach Foucaults neuem Konzept jenes Spielmoment inne, das gerade in der Herrschaft blockiert wird, denn diese läßt keine Offenheit, keine »Umkehrbarkeit der Bewegung« zu. Nicht unproblematisch ist dieser Herrschaftsbegriff. Die Herrschaft ist der Machtbeziehung nicht strikt entgegenzusetzen. Der Herrschaftszustand ist ein Zustand, in dem die Machtbeziehung eine Stabilität erlangt. Die *Offenheit* des *Spiels* ist ferner nicht der Wesenszug der Macht. Die Macht *neigt gerade dazu, die Offenheit zu reduzieren*. Möglicherweise nährt die *Angst* vor Offenheit und Instabilität das Begehren nach mehr Macht. Die Macht versucht, sich zu verfestigen, sich zu stabilisieren, indem sie offene Spielräume oder Räume des Unberechenbaren tilgt. Machträume sind strategische Räume. Die strategische Offenheit ist jedoch nicht identisch mit jener lustvollen Offenheit oder Ungewißheit, die dem Spiel innewohnt.

Definiert Foucault die Macht als ein »offenes« Spiel oder fordert er emphatisch »Praktiken der Freiheit«, so formuliert er ein Machtkonzept, *in dem bereits eine gewisse Kritik der Macht enthalten ist*. Die Macht als »offenes strategisches Spiel« ist, wie Foucault selbst

17 Ebd., S. 259.

sagt, eben nicht das, »was man üblicherweise Macht
nennt«.[18] Foucaults neues Machtkonzept entspringt
einem *Ethos der Freiheit.* Es gilt nämlich, »sich die
Rechtsregeln, die Führungstechniken und auch die
Moral zu geben, das Ethos, die Praxis des Selbst, die
es gestatten, innerhalb der Machtspiele mit dem ge-
ringsten Aufwand an Herrschaft zu spielen«.[19] Ein
Ethos der Freiheit wacht also darüber, daß die Macht
nicht zur Herrschaft erstarrt, daß sie ein offenes Spiel
bleibt.

In machtlogischer Hinsicht ist nicht zu bestreiten,
daß die Machtbeziehung eine minimale Freiheit vor-
aussetzt. So gibt es keine Machtbeziehung zu einem
passiven Ding, von dem überhaupt kein Widerstand
ausgeht. Foucault verwendet aber den Begriff »Freiheit« in einem emphatischen Sinne. Die Freiheit, die er
ans Machtgeschehen bindet, geht weit über jenes
machtlogische Mindestmaß hinaus. Er verbindet das
Machtgeschehen mit einer »Praxis der Freiheit«, die
eine »Befreiung« aus einer »Zwangsmoral« voraus-
setzt.[20] Eine argumentative Unschärfe weist Foucaults
*stiller Übergang von der Freiheit als strukturaler Vor-
aussetzung für die Machtbeziehung zu einer Ethik der
Freiheit* auf. Foucault verwandelt die Freiheit als Struk-
turelement der Machtbeziehung stillschweigend in eine
ethische Qualität. Diese wohnt aber der Macht als solcher nicht inne. An diesem sehr brüchigen Übergang
von der Machtlogik zur Machtethik führt Foucault eine
Differenz zwischen Macht und Herrschaft ein.

18 Foucault, *Freiheit und Selbstsorge,* S. 26.
19 Ebd., S. 25.
20 Ebd., S. 11.

Zu vage ist Foucaults Konzept der Macht, das auf »Freiheitspraktiken«[21] beruht. Offenbar versucht Foucault, Macht und Freiheit zusammenzuführen. Im Gegensatz zu Hegel aber, der in seiner Idee der »freien Macht« sich an der Vermittlung und Versöhnung orientiert, begreift Foucault das Machtgeschehen durchgehend als ein Kampfgeschehen. Er wandelt oder mildert es allerdings zu einem offenen Wettkampf ab, dem die *Spitze der Herrschaft* fehlt. Dadurch hält er die Macht in spielerischer Schwebe. Dieses Machtkonzept ist sehr artifiziell. So entfernt es sich vom realen Machtgeschehen.

In den achtziger Jahren beherrscht die Idee der Freiheit Foucaults Denken. Auch sein neues Machtkonzept ist von dieser Emphase der Freiheit affiziert. Die Ethik ist, so Foucault, eine »Freiheitspraxis«. Die Freiheit ist die »ontologische Bedingung der Ethik«.[22] Foucault beruft sich dabei auf die antike Praxis der Selbstsorge, der es um die »Befreiung von dem, wovon wir abhängen, was wir nicht beherrschen, worüber wir nicht Herr sind«, um die »Etablierung eines abgeschlossenen, kompletten Selbstbezugs auf sich«,[23] d. h. um den Selbstbesitz gegangen sein soll. Diese Selbstsorge, die der Freiheit gilt, impliziert die Sorge um den richtigen Gebrauch der Macht. Der Machtmißbrauch resultiert nach dieser Ethik daraus, daß man der »Sklave seiner Gelüste« geworden ist. Er zieht den Verlust der Freiheit, die »Versklavung seiner durch sich« nach sich: »Die Haltung des Individuums zu sich

21 Ebd.
22 Ebd., S. 12.
23 Ebd., S. 48.

selber, die Art und Weise, in der es seine eigene Freiheit gegenüber seinen Begierden wahrt, die Souveränität, die es über sich ausübt, sind ein konstitutives Element des Glücks und der guten Ordnung der Polis.«[24]
Ausgehend vom griechisch-römischen Denken verbindet Foucault mit der Praxis der Selbstsorge die Fähigkeit, zu einem richtigen Umgang mit der Macht zu
gelangen. Die »Gefahr, andere zu beherrschen und auf
sie eine tyrannische Macht auszuüben«, rührt demnach
daher, »daß man sich nicht um sich gekümmert hat
und zum Sklaven seiner Begierden geworden ist«.[25]
So gilt es, »dem Zirkel zu entrinnen, der zwischen
der tyrannischen Autorität (über die anderen) und
der (von ihren Begierden) tyrannisierten Seele ver-
läuft«. Die »vollkommene Autorität über sich« ist das
»innere Regulationsprinzip« der politischen Machtausübung. So zitiert Foucault Platon: »Der Königlich-
ste ist König seiner selber (*basilikótatos basilieúon
hautû*).«[26]

Problematisch ist hier die Annahme eines Zusam-
menhangs zwischen der Ausübung einer tyrannischen
Macht und der von ihren Begierden tyrannisierten
Seele. Die vollkommene Selbstbeherrschung oder »Autorität über sich« schließt die Gewaltherrschaft nicht
grundsätzlich aus. Die Sorge um sich kann sich ferner
vollständig von der Sorge um die Anderen lösen. Das
Finalitätsband zwischen der Selbstsorge und der Sorge
um die Anderen wird allein über das Kalkül geknüpft,

---

24 Michel Foucault, *Der Gebrauch der Lüste. Sexualität und Wahr-
    heit 2*, Frankfurt a. M. 1989, S. 105.
25 Foucault, *Freiheit und Selbstsorge*, S. 16.
26 Foucault, *Der Gebrauch der Lüste*, S. 107.

daß das Wohl der Anderen letzten Endes dem eigenen Wohl dient. Über diese tauschökonomische Zirkularität hinaus kann die Ethik des Selbst die Anderen nicht in den Horizont des Selbst einschließen. Zu unterscheiden ist ferner zwischen Macht und Gewalt. Die »tyrannische Macht« ist in Wirklichkeit eine Gewalt. Sie ist ja zu keiner *Vermittlung* fähig. Die Macht dagegen wird die Anderen *einbeziehen* müssen, um sich in deren *Seele* einzunisten, um sich unverwüstlich zu machen. Der Macht wohnt auch die Sorge um die *Vermittlung* inne. Sie ist nie blind. Die vermittlungsblinde Tyrannei dagegen destabilisiert die Macht.

Die Selbstsorge wird bei Foucault zu einem ethischen Prinzip erhoben, wobei ihr ein Vorrang vor der Sorge um die Anderen zuerkannt wird: »Man muß die Sorge um andere nicht vor die Selbstsorge stellen; ethisch gesehen, kommt die Selbstsorge in dem Maße zuerst, wie der Selbstbezug ontologisch an erster Stelle steht.«[27] Hat man also ohne weiteres von der Kontinuität zwischen Ethik und Ontologie auszugehen? Besteht der Unterschied zwischen Ethik und Ontologie nicht gerade darin, daß in der Ethik der ontologische Vorrang des Selbstbezuges *in Frage steht*? Ist dem Ethischen im emphatischen Sinne nicht der Versuch inhärent, jene Ontologie in Frage zu stellen, die den Selbstbezug an die erste Stelle setzt?

Foucaults Ethik der Macht beruht auf einer Ethik der Selbstsorge. In ihrer Orientierung am Selbst vermag sie nicht jene Räume freizulegen, die die Intentionalität der Macht, nämlich die Rückkehr zu *sich* über-

---

27 Foucault, *Freiheit und Selbstsorge*, S. 15.

schreiten.[28] Die Macht ist ja selber ein Phänomen des Selbst oder der Subjektivität. Foucaults Ethik der Macht öffnet sich nicht fürs *Andere der Macht*, das einen Gegenzug gegen die Rückkehr zu *sich* erzeugte. Sie kann auch jene Freundlichkeit nicht generieren, die gerade das sehen ließe, was innerhalb des *Haushaltes* der Selbstsorge nicht erscheint.

Interessanterweise hält Foucault am Paradigma des Selbstbesitzes fest. Offenbar fühlt er sich jener europäischen Kultur verpflichtet, »in der immer wieder die Wiederherstellung einer Ethik und Ästhetik des Selbst versucht wird«.[29] Zu dieser Traditionslinie zählt Foucault neben Montaigne, Baudelaire und Schopenhauer auch Nietzsche. Nietzsches Philosophie der Macht trägt gewiß Züge einer Ethik und Ästhetik des Selbst. Aber sie entwickelt gleichzeitig eine Dynamik oder Dialektik, die die Macht über sich hinausführt.

Man sei doch, so fordert Nietzsche, so weit gegen sich ehrlich! Das Leben sei »wesentlich Aneignung, Verletzung, Überwältigung des Fremden und Schwächeren, Unterdrückung, Härte, Aufzwängung eigner Formen, Einverleibung und mindestens, mildestens, Ausbeutung«.[30] Die Ausbeutung gehöre nicht einer »verderbten oder unvollkommnen und primitiven Gesellschaft« an. Als »organische Grundfunktion« gehöre sie ins »Wesen des Lebendigen«. Sie sei eine »Folge des eigentlichen Willens zur Macht, der eben der Wille

28 Definiert Foucault die Macht als Versuch, das Verhalten des Anderen zu bestimmen, was nichts anderes bedeutet als im Anderen bei *sich selbst* zu sein oder im Anderen zu *sich selbst* zurückzukehren, so erkennt er doch den ipsozentrischen Charakter der Macht an.

29 Foucault, *Freiheit und Selbstsorge*, S. 54.

30 Nietzsche, *Jenseits von Gut und Böse*, KSA 5, S. 207 f.

des Lebens« sei. Jeder lebendige Körper wolle »wachsen, um sich greifen, an sich ziehn, Übergewicht gewinnen«, und zwar »nicht aus irgend einer Moralität oder Immoralität heraus, sondern weil er lebt, und weil Leben eben Wille zur Macht ist«.

Macht ausüben heißt hier *sich* dem Anderen aufzwingen, den Anderen gleichsam überwachsen, überwuchern, d. h. *sich* in den Anderen *kontinuieren* oder durch den Anderen hindurch eine Kontinuität, ein *Kontinuum des Selbst* aufspannen. Der Macht ist ein *Sich*-Wollen eigen. Die Macht würde aus sich heraus keinen Gegenzug gegen diese Intentionalität des *Sich*-Wollens erzeugen können, keine Wendung zum Anderen, die nicht gleichzeitig Rückkehr zu *sich* wäre, also keine Sorge um den Anderen, die über die Sorge um *sich* hinausginge. Die Macht ist an diesen konstanten Selbstbezug und Selbstgenuß, an diese ständige Rückkehr zu sich gebunden: »Das Machtgefühl erst erobernd, dann beherrschend (organisirend) – es regulirt das Überwundene zu seiner Erhaltung und dazu erhält es das Überwundene selber.«[31]

Die Macht reserviert Nietzsche nicht fürs menschliche Verhalten allein. Vielmehr wird sie zum Prinzip des Lebendigen überhaupt erhoben. So streben schon Einzeller nach Macht: »Nehmen wir den einfachsten Fall, den der primitiven Ernährung: das Protoplasma streckt seine Pseudopodien aus, um nach etwas zu suchen, was ihm widersteht – nicht aus Hunger, sondern aus Willen zur Macht.«[32] Auch die Wahrheit wird als ein Machtgeschehen gedeutet. Sie ist nämlich eine Op-

31 Nietzsche, *Nachgelassene Fragmente 1880–1882*, KSA 9, S. 550.
32 Nietzsche, *Nachgelassene Fragmente 1887–1889*, KSA 13, S. 360.

tik, die der Mächtige als die eigene den Anderen inkor-
poriert und sich darin kontinuiert. Sie ist ein Herr-
schaftsmedium. Auch das Schöne folgt der Ökonomie
der Macht: »Rücksichtslose Entwicklung der Formen:
die schönsten sind nur die stärksten: als die siegrei-
chen halten sie sich fest, und werden ihres Typus
froh, Fortpflanzung.«[33] Die Macht sichert die Fortset-
zung eines Typus. Sie erzeugt damit eine Kontinuität.
Auch der Philosoph strebt danach, die eigene Optik zu
verlängern, dadurch *sich* zu kontinuieren. So interpretiert Nietzsche Platons Glaube, »daß selbst Philosophie
eine Art sublimer Geschlechts- und Zeugetrieb sei«.[34]

»Eroberung«, »Ausbeutung« oder »Verletzung« gehören also zum »Wesen des Lebendigen«. Sie spiegeln
den Willen zur Macht, der das Leben beseelt. Jedes Lebendige will wachsen, um sich greifen und an sich ziehen. Angesichts dieses allgemeinen, allmächtigen Willens zur Macht stellt sich die schwierige Frage, woher
denn jener »Widerwille vor dem Allzu-Lebendigen«
kommt, der die »Ruhe der starken Seele« auszeich-
net.[35] Nietzsche läßt die Macht offenbar nicht in der
negativen Form der Ausbeutung oder Unterdrückung
aufgehen. Er verquickt sie vielmehr mit anderen Qua-
litäten, die ihren Charakter radikal verändern. So
spricht er von der »Gerechtigkeit« als »Funktion einer
weit umherschauenden Macht«.[36] Auch die ausbeu-
tende oder repressive Macht kann sicher weit umher-
schauen. Aber solange sie ipsozentrisch bleibt, gilt der

33 Nietzsche, *Nachgelassene Fragmente 1884–1885*, KSA 11, S. 700.
34 Ebd.
35 Nietzsche, *Nachgelassene Fragmente 1885–1887*, KSA 12, S. 290.
36 Nietzsche, *Nachgelassene Fragmente 1884–1885*, KSA 11, 188.

weite Umblick letzten Endes nur dem Selbst. Die Weite
wird nämlich nur daraufhin in den Blick genommen,
den Kreis des Selbst zu erweitern. Die Macht kann nur
dann *um der Weite, um der in dieser Weite wohnenden
Dinge willen* hinausblicken, *wenn sie von etwas berührt wird, das nicht Macht ist, das nicht ums Selbst
kreist.* So ist die Gerechtigkeit mit ihrer »hohen, klaren,
ebenso tief als mildblickenden Objektivität«[37] keine
reine Wirkung der Macht. Ihr »sorgsames Auge«,[38] das
sich auch dem Kleinen und dem Flüchtigen zuwendet,
ist nicht das Auge der Macht. Die Macht kennt jene
»zarteste Emotion«[39] einer mildblickenden Freundlichkeit nicht. Allein eine *extrinsische* Qualität, die
nicht der Macht zuzurechnen wäre, verhülfe der Macht
zu einem weiten, langen, freundlichen Blick.

Die Gerechtigkeit erzeugt, genau besehen, eine Bewegung, die der Versammlungsstruktur der Macht entgegengesetzt ist. Der Macht wohnt nämlich der *Zug
zum Einen* inne. So geht von ihr keine Freundlichkeit
gegenüber dem Vielen, dem Vielfachen, dem Vielfältigen, dem Danebenliegenden oder dem Abdriftenden
aus. Die Gerechtigkeit will dagegen »Jedem, sei es ein
Belebtes oder Todtes, Wirkliches oder Gedachtes, das
Seine geben«.[40] Sie ist also weder ipsozentrisch noch
zentrisch. Nietzsche bezeichnet sie ferner als »Gegnerin
der Ueberzeugungen«. Der Gerechte hört mehr auf die
Dinge als auf *sich*. Das Absehen von der Überzeugung
ist gleichzeitig ein Absehen von *sich*. Es gilt also, zu-

37 Nietzsche, *Zur Genealogie der Moral*, KSA 5, S. 310.
38 Nietzsche, *Menschliches, Allzumenschliches I und II*, KSA 2, S. 361.
39 Nietzsche, *Nachgelassene Fragmente 1880–1882*, KSA 9, S. 211.
40 Nietzsche, *Menschliches, Allzumenschliches I und II*, KSA 2, S. 361.

gunsten der Dinge mehr zu hören, mehr zu sehen über
die momentane Überzeugung hinaus, der immer eine
Überzeugung-von-sich innewohnt. Der Gerechte enthält sich seines Urteils, das *immer zu früh* kommt. Das
Urteil wäre bereits ein Verrat am Anderen: »Seltnere
Enthaltsamkeit. – Es ist oft kein geringes Zeichen
von Humanität, einen Anderen nicht beurtheilen zu
wollen und sich zu weigern, über ihn zu denken.«[41]
Man übt Gerechtigkeit, indem man seine Überzeugung, seine Meinung über den Anderen in der Schwebe
hält, indem man *hört, zuhört*, indem man sich seines
Urteils, d. h. *seiner selbst* enthält. Denn das Ich kommt
immer zu früh zuungunsten des Anderen. Von der
Macht als solcher kann jene singuläre Enthaltsamkeit
nicht ausgehen. Das *Zögern* wohnt ihr nicht inne. Die
Macht als solche weigert sich nie, den Anderen zu beur-
teilen oder über ihn zu denken. Sie besteht vielmehr
aus Urteilen und Überzeugungen.

Allein die »weit umherschauende Macht«, also jene
Macht mit dem »sorgsamen Auge«, kann *orten*, ohne
Ab-Orte zu produzieren. So gründet sie einen *gerechten* Ort, der »Jedem« »das Seine« gibt. Nietzsche läßt
es nicht bei dieser Gerechtigkeit bewenden. Ihm
schwebt offenbar eine grenzenlose Freundlichkeit vor,
die unterschiedlos jedes, alles willkommen heißt: »[...]
alles Werdende Schweifende Suchende Flüchtige soll
mir hier willkommen sein! Gastfreundschaft ist nunmehr meine einzige Freundschaft!«[42] Diese singuläre
Gastfreundschaft gibt »Jedem« *mehr als das Seine*.
Darin unterscheidet sich der *gastfreundliche* Ort vom

---

41 Nietzsche, *Morgenröte*, KSA 3, S. 303.
42 Nietzsche, *Nachgelassene Fragmente 1882–1884*, KSA 10, S. 88.

gerechten Ort. Der Ort bei Heidegger ist insofern auch ein gerechter Ort, als er »das Versammelte durchscheint und durchleuchtet und dadurch erst in *sein* Wesen entläßt«. Aber er kann jene grenzenlose Gastfreundschaft nicht entfalten, die auch das bejahte, was außerhalb der »Versammlung« läge.

In *Morgenröte* setzt Nietzsche der christlichen Nächstenliebe eine aristokratische Freundlichkeit entgegen: »Eine andere Nächstenliebe. – Das aufgeregte, lärmende, ungleiche, nervöse Wesen macht den Gegensatz zur grossen Leidenschaft: diese, wie eine stille düstere Gluth im Innern wohnend und dort alles Heisse und Hitzige sammelnd, lässt den Menschen nach Aussen hin kalt und gleichgültig blicken und drückt den Zügen eine gewisse Impassibilität auf. Solche Menschen sind gelegentlich wohl der Nächstenliebe fähig, – aber sie ist anderer Art, als die der Geselligen und Gefallsüchtigen: es ist eine *milde, betrachtsame, gelassene Freundlichkeit*; sie blicken gleichsam aus den Fenstern ihrer Burg hinaus, die ihre Festung und eben dadurch ihr Gefängnis ist: – der Blick in's Fremde, Freie, in das Andere thut ihnen so wohl!«[43] Diese aristokratische Freundlichkeit,[44] in der das Ich noch ein Gefangener seiner selbst wäre, entgrenzt Nietzsche zu einer unbe-

---

43 Nietzsche, *Morgenröte*, KSA 3, S. 282 (Hervorhebung in Kursivschrift von B.-Ch. H.).

44 Diese aristokratische Freundlichkeit heißt noch nicht alles unterschiedslos willkommen. Vgl. Nietzsche, *Nachgelassene Fragmente 1887–1889*, KSA 13, S. 9: »Mit Menschen fürlieb nehmen und mit seinem Herzen offnes Haus halten: das ist liberal, aber nicht vornehm. Man erkennt die Herzen, die der vornehmen Gastfreundschaft fähig sind, an den vielen verhängten Fenstern und geschlossenen Läden: sie halten ihre besten Räume zum Mindesten leer, sie erwarten Gäste, mit denen man nicht fürlieb nimmt ...«

dingten Gastfreundschaft, die keine »Impassibilität«,
keine Burg, keine Festung des Ich mehr kennt. Es ist
die Rede von einer »gefährlichen Nachlässigkeit«, von
einer »Nachlässigkeit der überreichen Seele, die sich nie
um Freunde bemüht hat, sondern nur die Gastfreundschaft kennt, immer nur Gastfreundschaft übt
und zu üben versteht – Herz und Haus offen für
Jedermann, der eintreten will, seien es nun Bettler
oder Krüppel oder Könige.«[45] Diese unbedingte Gastfreundschaft ist jener Freundschaft entgegengesetzt, die
im Freund ein »zweites Selbst«[46] erblickt. Sie ist deshalb eine »gefährliche Nachlässigkeit«, weil sie keine
Praxis der Selbstsorge ist, weil sie sich nie ums Selbst
kümmert.

Von der ipsozentrischen Ökonomie der Macht her
ist nicht zu erklären, warum der Blick ins Fremde, ins
Andere jenem mächtigen Burgherrn so wohltut. Dieser
Blick ist ja nicht von der Intention einer Eroberung ge-
nährt. Es ist ebensowenig zu erklären, warum der
Mächtige die eigene Burg als ein Gefängnis erfährt. Was
veranlaßt ihn denn dazu, von sich weg ins Andere hin-
auszuschauen, seinen Blick aufs Fremde hin ganz zu
öffnen? Was veranlaßt den Mächtigen über die aristokratische Freundlichkeit hinaus zu einer nicht-un-
terscheidenden, unbedingten, asymmetrischen Freundlichkeit?[47] Wie kann eine ipsozentrische Macht all diese

45 Nietzsche, *Nachgelassene Fragmente 1885–1887*, KSA 12, S. 67.
46 Vgl. Aristoteles, *Nikomachische Ethik*, auf der Grundlage der
   Übers. von Eugen Rolfes hrsg. von Günther Bien, Hamburg 1985,
   S. 217.
47 Die grenzenlose Freundlichkeit ist auch jener kommunikativen
   Freundlichkeit entgegenzusetzen, die auf dem Tauschprinzip beruht. Die Freundlichkeit als kommunikative »Technik« ist nämlich

Freundlichkeiten, dieses Für-den-Anderen aus sich heraus erzeugen?

Nietzsche führt die Freundlichkeit problematischerweise doch auf die Macht zurück, nämlich auf die »Macht, die überströmen will«.[48] Die Freigebigkeit ist der »Drang, den der Überfluss von Macht erzeugt«.[49] Entsprechend wird der ipsozentrische Zug der Macht nicht in Frage gestellt. Der Wesenszug dieser Moral des Mächtigen ist gerade die »Selbst-Verherrlichung«.[50] Läßt sich aber jenes »Bewußtsein eines Reichtums, der schenken und abgeben möchte«, tatsächlich auf die

die »Fähigkeit«, »den Ausdruck eigener Meinungen und Erwartungen zu vertagen, bis der richtige Moment dafür gekommen ist«. Die Wartezeit wird »nutzbringend damit gefüllt, daß man auf die Darstellung des anderen eingeht«. Die kommunikative Freundlichkeit wird geleitet von dem »Prinzip der richtigen zeitlichen Placierung der eigenen Erwartungen zum Schonung der Selbstdarstellung des anderen«. Sie dient, systemtheoretisch gesprochen, der »elastischen Außenanpassung formaler Systeme« (Niklas Luhmann, *Funktionen und Folgen formaler Organisation*, Berlin ⁴1995, S. 361 f.). Ein »System« ist ›freundlich‹, wenn es einem anderen dazu verhilft, eine *gute Figur* zu machen, d. h. eine gelungene Selbstdarstellung zu bewerkstelligen. Der ›Freundliche‹ soll den Anderen »so behandeln, wie er erscheinen möchte«. Die Freundlichkeit als Takt ist »ein Verhalten, mit dem A sich als derjenige darstellt, den B als Partner braucht, um derjenige sein zu können, als der er sich A gegenüber darstellen möchte« (Niklas Luhmann, *Rechtssoziologie*, Opladen ³1987, S. 34). Die kommunikative Freundlichkeit als *Technik* hat also keine asymmetrische Struktur. Der Freundliche *schielt* auf den richtigen Augenblick, in dem er seine eigenen Erwartungen oder Meinungen, d. h. *sich selbst* im kommunikativen Tauschfeld lanciert. Das passive oder aktive Zuhören, das dem Anderen zur gelungenen Selbstdarstellung verhilft, wird dabei als ein Umweg zur eigenen Darstellung in Kauf genommen. Die kommunikative Freundlichkeit ist also ein Tauschakt, der von der Sorge um sich getragen wird.
48 Nietzsche, *Jenseits von Gut und Böse*, KSA 5, S. 209.
49 Ebd., S. 210.
50 Nietzsche, *Nachgelassene Fragmente 1882–1884*, KSA 10, S. 508.

»Selbst-Verherrlichung« gründen? Die Intentionalität, die ihr zugrunde liegt, wird sich jedes Geben wieder an- eignen. Der Mächtige gefällt *sich* in dem Geben als Aus- druck seiner Macht. Die Gnade etwa ist in dem Sinne eine höchste Bejahung der Macht und des Selbst des Mächtigen. Gebend genießt er *sich selbst.* Dieser Selbst- genuß macht aber das »Überströmen« unmöglich. Dies *überflutet* ja das Selbst. Gerade die Unmöglichkeit der Rückkehr zu sich kennzeichnet dieses *Über.*

Den Vornehmen setzt Nietzsche ferner dem »Pöbel«, dem »Gewalt-Herrischen« entgegen: »Darum, oh mei- ne Brüder, bedarf es eines neuen Adels, der allem Pö- bel und allem Gewalt-Herrischen Widersacher ist und auf neue Tafeln neu das Wort schreibt ›edel‹.«[51] Hier nimmt Nietzsche eine Unterscheidung zwischen der vornehmen Macht und der Macht als Gewaltherrschaft vor. Sie setzt aber voraus, daß nicht die Macht als solche edel ist. Es ist nicht die Wirkung der Macht, daß der Machthaber das Pöbelhafte ablegt und sich mit einer Aura der Vornehmheit umgibt. Die Macht vermag es nicht, sich *aus sich heraus* in einen Zustand des »Über- flusses« aufzuschwingen, der den Vornehmen auszeich- net. Aufgrund des der Macht innewohnenden *Begeh- rens* wird sie nie ein »Gefühl der Fülle« hervorrufen können. Die Fülle oder der Überfluß entsteht nicht einfach durch die Akkumulierung der Macht. Die Macht ist möglicherweise nie frei von einem Gefühl des Mangels.

Die Macht allein läßt, selbst im »Überfluß«, die Seele nicht in jene »gefährliche Nachlässigkeit« abdriften, die

---

51 Nietzsche, *Also sprach Zarathustra*, KSA 4, S. 254.

»nur die Gastfreundschaft kennt«. Wegen ihrer ipsozentrischen Natur ist sie nicht zu jener grenzenlosen
Gastfreundschaft fähig, die das Haus für »Jedermann«
öffnete. Nietzsche weiß sehr wohl, wie die Gastfreundschaft, die der Ökonomie des *Selbst* folgt, beschaffen
ist: »Gastfreundschaft. – Der Sinn in den Gebräu-
chen der Gastfreundschaft ist: das Feindliche im Fremden zu lähmen. Wo man im Fremden nicht mehr zunächst den Feind empfindet, nimmt die Gastfreundschaft ab; sie blüht, so lange ihre böse Voraussetzung
blüht.«[52]

Die Freundlichkeit ist keine intrinsische Eigenschaft
der Macht. Die Macht wird vielmehr *von etwas berührt*
sein müssen, das *nicht sie selbst* ist, damit sie *über
die ihr mögliche Vermittlung hinaus vermittelt*. Die
Freundlichkeit ist auch eine Vermittlung, eine intensive
Form der Vermittlung sogar. Aber ihr fehlt die Intentionalität der Macht, nämlich die »Spitze« der *Subjektivität*. Der *freundliche Ort* unterscheidet sich dadurch
vom Ort der Macht, daß er das Vereinzelte oder das
Danebenliegende nicht ausschließlich auf die Kontinuität des Einen hin wahrnimmt, daß er es auch in seinem
So-sein leuchten läßt. Die Freundlichkeit verortet über
die machtmäßige Verortung hinaus. So erzeugt sie keinen *Ab-Ort*. Sie wirkt jener *Entortung* entgegen, vor
der die Macht nie ganz geschützt ist.

Auch wo sich die Macht in ihrem »Überfluß« als un-

---

52 Nietzsche, *Morgenröte*, KSA 3, S. 228. Auch Hobbes erklärt die
Freigebigkeit ökonomisch. Vgl. Hobbes, *Leviathan*, S. 69: »Reichtum, mit Freigebigkeit verbunden, ist auch Macht, weil er einem
Freunde oder Diener verschafft. Ohne Freigebigkeit ist das nicht so,
denn in diesem Fall beschützt er die Menschen nicht, sondern macht
sie zur Zielscheibe des Neides.«

bedingte »Gastfreundschaft« äußert, grenzt sie ans *Andere der Macht*. Sie ist eine Art *Über*-Macht geworden, die eine singuläre *Selbstaufhebung der Macht* in sich enthält. Von ihr geht jenes schrankenlose Geben aus, das von der Rückkehr zu *sich*, vom *Sich*-Wollen nicht wieder angeeignet werden kann, ein Geben, das gleichsam *bewußt- und intentionslos geschieht*, eine grenzenlose Freundlichkeit, die gar *vor* der Sorge um den Anderen, *vor* jedem emphatischen Für-den-Anderen stattfände.

Aufmerksam ist Nietzsche, diesem ungewöhnlichen Philosophen des ›Willens zur Macht‹, da zuzuhören, wo er das Andere der Macht und des Willens beschwört: »Draußen vor den Fenstern liegt der gedankenreiche Herbst im klaren mildwärmenden Sonnenlicht, der nordische Herbst, den ich so liebe wie meine allerbesten Freunde, weil er so reif und wunschlos unbewußt ist. Die Frucht fällt vom Baum, ohne Windstoß. [...] in aller Stille fällt sie nieder und beglückt. Sie begehrt nichts für sich und gibt alles von sich.«[53] Beschworen wird hier ein *Da*, das wunschlos unbewußt ist, ja selbstlos, ohne *Namen*[54] und ohne Begehren.

---

53 Nietzsche, »Brief an F. Rhode vom 7. Oktober 1869«, in: F. N., *Briefwechsel. Kritische Gesamtausgabe*, hrsg. von Renate Müller-Buck [u. a.], Abt. 2: *1869–1879*; Bd. 1: *Briefe April 1869–Mai 1872*, Berlin [u. a.] 1977, S. 61 f.
54 Ohne *Namen* bildet sich keine Macht. ›Gott‹ ist *Der Name schlechthin. Niemand* hat keine Macht. Macht ist ein *Phänomen von Jemand*. Vgl. Nietzsche, *Morgenröte*, KSA 3, S. 279: »Es ist so ungrossmüthig, immer den Gebenden und Schenkenden zu machen und dabei sein Gesicht zu zeigen! Aber geben und schenken und seinen Namen und seine Gunst verhehlen! Oder *keinen Namen haben*, wie die Natur, in der uns eben Diess mehr als Alles erquickt, hier endlich einmal nicht mehr einem Schenkenden und Gebenden,

Nietzsches Philosophie des ›Willens zur Macht‹, die Foucault zufolge eine »Ethik und Ästhetik des Selbst« wäre, führt zu einer *Nemologie*, zu einer Ethik und Ästhetik des *Niemands*, einer intentions-, ja *wunschlosen Freundlichkeit*.[55] Nietzsche muß immer wieder jene göttliche Stimme vernommen haben, die ihn auffordert, *sich* wegzuschenken, *sich* zu entleeren zu *Niemand*:

> »Du möchtest schenken, wegschenken deinen
> Überfluss,
> aber du selber bist der Überflüssigste!
> Sei klug, du Reicher!
> Verschenke dich selber erst, oh Zarathustra!«[56]

nicht mehr einem ›gnädigen Gesichte‹ zu begegnen! – Freilich, ihr verscherzt euch auch diese Erquickung, denn ihr habt einen Gott in diese Natur gesteckt – und nun ist wieder Alles unfrei und beklommen!« (Hervorhebung von B.-Ch. H.).

55 Die Ethik einer intentionslosen Freundlichkeit kennt jene *Natürlichkeit*, jene *Stille* oder *Niemandigkeit*, in der eine Frucht fällt, »wunschlos unbewußt«, und beglückt, und zwar im Gegensatz zur Ethik Lévinas', deren emphatisches »Für-den-Anderen« jede *Stille* bricht.

56 Friedrich Nietzsche, *Dionysos-Dithyramben*, KSA 6, S. 409.

Literaturhinweise

Agamben, Giorgio: Homo sacer. Die souveräne Macht und das nackte Leben. Frankfurt a. M. 2002.

Arendt, Hannah: Macht und Gewalt. München 1970.

– Vita activa oder Vom tätigen Leben. München 1981.

Bachrach, Peter / Baratz, Morton S.: Two Faces of Power. In: The American Political Science Review 56 (1962) S. 947–952.

Bataille, Georges: Theorie der Religion. Hrsg. und mit einem Nachwort von Gerd Bergfleth. München 1997.

Beck, Ulrich: Macht und Gegenmacht im globalen Zeitalter. Neue weltpolitische Ökonomie. Frankfurt a. M. 2002.

Berle, Adolf A.: Macht. Die treibende Kraft der Geschichte. Hamburg 1973.

Bourdieu, Pierre: Die politische Ontologie Martin Heideggers. Frankfurt a. M. 1976.

– Die feinen Unterschiede. Kritik der gesellschaftlichen Urteilskraft. Frankfurt a. M. 1982.

– Sozialer Sinn. Kritik der theoretischen Vernunft. Frankfurt a. M. 1987.

– Satz und Gegensatz. Über die Verantwortung des Intellektuellen. Berlin 1989.

– Die männliche Herrschaft. In: Ein alltägliches Spiel. Geschlechterkonstruktion in der sozialen Praxis. Hrsg. von Irene Dölling und Beate Krais. Frankfurt a. M. 1997. S. 153–217.

Burckhardt, Jacob: Weltgeschichtliche Betrachtungen. Stuttgart 1987.

Butler, Judith: Psyche der Macht. Das Subjekt der Unterwerfung. Frankfurt a. M. 2001.

Canetti, Elias: Masse und Macht. Hamburg 1960.

Derrida, Jacques: Schurken. Zwei Essays über die Vernunft. Frankfurt a. M. 2003.

Dean, Mitchell: Governmentality. Power and Rule in Modern Society. London 2001.

Foucault, Michel: Überwachen und Strafen. Die Geburt des Gefängnisses. Frankfurt a. M. 1976.
– Mikrophysik der Macht. Über Strafjustiz. Psychiatrie und Medizin. Berlin 1976.
– Der Wille zum Wissen. Sexualität und Wahrheit 1. Frankfurt a. M. 1977.
– Dispositive der Macht. Über Sexualität, Wissen und Wahrheit. Berlin 1978.
– Freiheit und Selbstsorge. Interview 1984 und Vorlesung 1982. Hrsg. von Helmut Becker [u. a.] Frankfurt a. M. ¹1985.
– Der Gebrauch der Lüste. Sexualität und Wahrheit 2. Frankfurt a. M. 1989.
– Das Subjekt und die Macht. In: Michel Foucault. Jenseits von Strukturalismus und Hermeneutik. Hrsg. von Hubert L. Dreyfus und Paul Rabinow. Weinheim 1994. S. 241–261.
French, Marilyn: Jenseits der Macht. Frauen, Männer und Moral. Übers. von Cornelia Holfelder-von der Tann. Reinbek 1985.
Göhler, Gerhard [u. a.]: Institution – Macht – Repräsentation. Wofür politische Institutionen stehen und wie sie wirken. Baden-Baden 1997.
– (Hrsg.): Macht der Öffentlichkeit – Öffentlichkeit der Macht. Baden-Baden 1995.
Greven, Michael Th. (Hrsg.): Macht in der Demokratie. Denkanstöße zur Wiederbelebung einer klassischen Frage in der zeitgenössischen Politischen Theorie. Baden-Baden 1991.
Habermas, Jürgen: Legitimationsprobleme im Spätkapitalismus. Frankfurt a. M. 1973.
– Philosophisch-politische Profile. Erw. Ausg. Frankfurt a. M. 1981.
Han, Byung-Chul: Todesarten. München 1998.
– Tod und Alterität. München 2002.
– Philosophie des Zen-Buddhismus. Stuttgart 2002.
Handke, Peter: Versuch über die Müdigkeit. Frankfurt a. M. 1992.

Hegel, Georg Wilhelm Friedrich: Werke in zwanzig Bänden. Hrsg. von Eva Moldenhauer und Karl Markus Michel. Frankfurt a. M. 1970.

Heidegger, Martin: Unterwegs zur Sprache. Pfullingen 1959.
– Wegmarken. Frankfurt a. M. 1967.
– Sein und Zeit. Tübingen [17]1993.
– Gesamtausgabe. Frankfurt a. M. 1975 ff.

Hindess, Barry: Discourses of Power. From Hobbes to Foucault. Oxford 1996.

Hobbes, Thomas: Leviathan. Übers. von Jutta Schlösser. Hamburg 1996.

Hondrich, Karl Otto: Theorie der Herrschaft. Frankfurt a. M. 1973.

Honneth, Axel: Kritik der Macht. Reflexionsstufen einer kritischen Gesellschaftstheorie. Frankfurt a. M. 1985.

Imbusch, Peter (Hrsg.): Macht und Herrschaft. Sozialwissenschaftliche Konzeptionen und Theorien. Opladen 1998.

Kantorowicz, Ernst H.: Die zwei Körper des Königs. Eine Studie zur politischen Theologie des Mittelalters. München 1990.

Kelly, Michael (Hrsg.): Critique and Power. Recasting the Foucault/Habermas Debate. Cambridge (Mass.) / London 1994.

Kneer, Georg: Rationalisierung, Disziplinierung und Differenzierung. Sozialtheorie und Zeitdiagnose bei Habermas, Foucault und Luhmann. Opladen 1996.

Lemke, Thomas: Eine Kritik der politischen Vernunft. Foucaults Analyse der modernen Gouvernementalität. Berlin/ Hamburg 1997.

Lévinas, Emmanuel: Jenseits des Seins oder anders als Sein geschieht. Freiburg/München 1992.

Likert, Rensis: Neue Ansätze der Unternehmensführung. Bern/Stuttgart 1972.

Luhmann, Niklas: Klassische Theorie der Macht. Kritik ihrer Prämissen. In: Zeitschrift für Politik 2 (1969) S. 149–170.
– Macht. Stuttgart 1975.
– Funktionen und Folgen formaler Organisation. Berlin [4]1995.

Luhmann, Niklas: Macht und System. Ansätze zur Analyse von Macht in der Politikwissenschaft. In: Universitas. Zeitschrift für Wissenschaft, Kunst und Literatur 5 (1977) S. 473–482.

– Soziologische Aufklärung 1. Aufsätze zur Theorie sozialer Systeme. Opladen [5]1984.

– Soziologische Aufklärung 4. Beiträge zur funktionalen Differenzierung der Gesellschaft. Opladen 1987.

– Rechtssoziologie. Opladen [3]1987.

Machiavelli, Niccolò: Der Fürst. Übers. und hrsg. von Rudolf Zorn. Stuttgart [6]1978.

Mann, Michael: Geschichte der Macht. Bd. 1: Von den Anfängen bis zur Griechischen Antike. Frankfurt a. M. / New York 1990. Bd. 2: Vom Römischen Reich bis zum Vorabend der Industrialisierung. Frankfurt a. M. / New York 1991.

Miller, Peter: Domination and Power. London / New York 1987.

Morgan, Ivor: Power and Politics. London 1999.

Morris, Peter: Power. A Philosophical Analysis. Manchester 1987.

Nietzsche, Friedrich: Briefwechsel. Kritische Gesamtausgabe. Hrsg. von Renate Müller-Buck [u. a.]. Bd. 2,1. Berlin [u. a.] 1977.

– Sämtliche Werke. Kritische Studienausgabe. Hrsg. von Giorgio Colli und Mazzino Montinari. 15 Bde. München / Berlin / New York [2]1988. [KSA.]

Parsons, Talcott: Zur Theorie der sozialen Interaktionsmedien. Mit einer Einl. hrsg. von Stefan Jensen. Opladen 1980.

Plessner, Helmuth: Macht und menschliche Natur. Gesammelte Schriften. Hrsg. von Günter Dux [u. a.] Bd. 5. Frankfurt a. M. 1981.

Popitz, Heinrich: Phänomene der Macht. Autorität, Herrschaft, Gewalt, Technik. Tübingen 1986.

Ptassek, Peter [u. a.]: Macht und Meinung. Die rhetorische Konstitution der politischen Welt. Göttingen 1992.

Röttgers, Kurt: Spuren der Macht. Freiburg/München 1990.

Russell, Bertrand: Macht. Eine sozialkritische Studie. Wien/
Zürich [2]1973.

Schmitt, Carl: Der Nomos der Erde im Völkerrecht des Jus
Publicum Europaeum. Berlin 1950.

– Politische Theologie. Vier Kapitel zur Lehre von der Souveränität. Berlin [4]1985.

– Gespräche über die Macht und den Zugang zum Machthaber. Gespräch über den Neuen Raum. Berlin 1994.

Sofsky, Wolfgang: Traktat über die Gewalt. Frankfurt a. M.
1996.

– Die Ordnung des Terrors. Das Konzentrationslager. Frankfurt a. M. 1997.

Tillich, Paul: Das Problem der Macht. Versuch einer philosophischen Grundlegung. In: Gesammelte Werke. Hrsg. von
Renate Albrecht. Bd. 2: Christentum und soziale Gestaltung. Stuttgart 1962. S. 193–208.

– Philosophie der Macht. In: Gesammelte Werke. Hrsg. von
Renate Albrecht. Bd. 9: Die religiöse Substanz der Kultur.
Schriften zur Theologie der Kultur. Stuttgart 1967. S. 205–
232.

Weber, Max: Wirtschaft und Gesellschaft. 1. Halbband. Tübingen [5]1976.

Zenkert, Georg: Hegel und das Problem der Macht. In: Deutsche Zeitschrift für Philosophie 43 (1995) S. 435–451.

Zum Autor

Byung-Chul Han studierte in Freiburg i. Br. und München Philosophie, Deutsche Literatur und Katholische Theologie. Er wurde 1994 promoviert und habilitierte sich 2000. Seither ist er Privatdozent am Philosophischen Seminar der Universität Basel. Er hat u. a. folgende Bücher veröffentlicht: *Heideggers Herz. Zum Begriff der Stimmung bei Martin Heidegger* (1996), *Todesarten. Philosophische Untersuchungen zum Tod* (1998), *Martin Heidegger. Eine Einführung* (1999), *Tod und Alterität* (2002), *Philosophie des Zen-Buddhismus* (2002), *Hyperkulturalität. Kultur und Globalisierung* (2005), *Hegel und die Macht. Ein Versuch über die Freundlichkeit* (2005).

Deutsche Philosophen der Gegenwart

IN RECLAMS UNIVERSAL-BIBLIOTHEK

N. *Luhmann*, Aufsätze und Reden. 336 S. UB 18149

O. *Marquard*, Abschied vom Prinzipiellen. 152 S. UB 7724 – Apologie des Zufälligen. 144 S. UB 8351 – Individuum und Gewaltenteilung. 172 S. UB 18306 – Philosophie des Stattdessen. 144 S. UB 18049 – Skepsis und Zustimmung. 137 S. UB 9334 – Zukunft braucht Herkunft. 293 S. geb.

E. *Martens*, Philosophieren mit Kindern. 202 S. UB 9778 – Zwischen Gut und Böse. 222 S. UB 9635

J. *Nida-Rümelin*, Strukturelle Rationalität. 176 S. UB 18150 – Über menschliche Freiheit. 172 S. UB 18365

W. *Pfannkuche*, Wer verdient schon, was er verdient? Fünf Gespräche über Markt und Moral. 208 S. UB 18253

H. *Plessner*, Mit anderen Augen. Aspekte einer philosophischen Anthropologie. 215 S. UB 7886

R. *Raatzsch*, Philosophiephilosophie. 109 S. UB 18051

W. *Schweidler*, Der gute Staat. 396 S. UB 18289

R. *Simon-Schaefer*, Kleine Philosophie für Berenike. 263 S. UB 9466

R. *Spaemann*, Philosophische Essays. 264 S. UB 7961

H. *Tetens*, Geist, Gehirn, Maschine. 175 S. UB 8999

E. *Tugendhat*, Probleme der Ethik. 181 S. UB 8250

E. *Tugendhat* / U. *Wolf*, Logisch-semantische Propädeutik. 268 S. UB 8206

E. *Tugendhat u. a.*, Wie sollen wir handeln? Schülergespräche über Moral. 176 S. UB 18089

G. *Vollmer*, Biophilosophie. 204 S. UB 9396

W. *Welsch*, Ästhetisches Denken. 240 S. UB 8681 – Grenzgänge der Ästhetik. 350 S. UB 9612

Philipp Reclam jun. Stuttgart

Geschichte der Philosophie in Text und Darstellung

»Diese Unternehmung besticht durch einen gescheiten Ausweg aus dem Dilemma, in das uns die Einsicht führt, daß es einen unparteiischen Standpunkt vielleicht nur für den lieben Gott gibt. Sie verfügt über eine Konzeption, die die je verschiedene Eigenart der geistigen Standpunkte und Perspektiven schon durch die Kombination der literarischen Gattungen herausstellt. Die Brauchbarkeit für das philosophische Bildungswesen wird dadurch sehr gefördert. Besonders für die neu gestaltete Oberstufe des Gymnasiums, in der dem Fach Philosophie eine besondere Bedeutung zukommt, scheint die Mischung von Text und Darstellung geeignet.«

Eckhard Nordhofen, F. A. Z.

Philipp Reclam jun. Stuttgart